급수 한자 익힘책

8·7급 대비

급수 한자 익힘책 200% 활용하기

해당 급수의 한자를 한 곳에 모아 얼마만큼 공부해야 하는지 한눈에 알 수 있도록 꾸몄습니다.

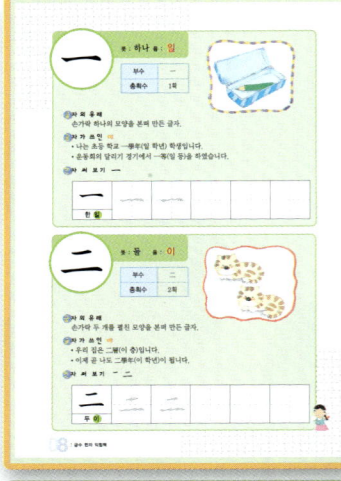

한 면에 두 자씩 익히고 쓰기 연습을 하도록 하였습니다.
쓰는 순서나 모양에 주의하여 써 보며 익힙니다.

앞서 배운 한자를 반복하여 써 보며 복습할 수 있도록 하였습니다.

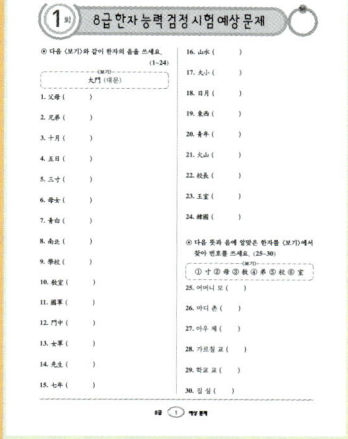

각 단원에서 익힌 한자를 제대로 공부했는지 확인할 수 있도록 구성하였습니다.

한자는 쓰기가 매우 중요합니다.
한 글자 한 글자 정성 들여 써 볼 수 있도록 하였습니다.

실제 시험과 같은 예상 문제를 풀면서 실전 경험을 익히도록 하였습니다.

한자 능력 검정 시험 안내

급수별 문제 유형

구분	1급	2급	3급	3급Ⅱ	4급	4급Ⅱ	5급	6급	6급Ⅱ	7급	8급
읽기 배정 한자	3,500	2,355	1,817	1,400	1,000	750	500	300	300	150	50
쓰기 배정 한자	2,005	1,817	1,000	750	500	400	300	150	50	0	0
독음	50	45	45	45	30	35	35	33	32	32	24
훈음	32	27	27	27	22	22	23	22	29	30	24
장단음	10	5	5	5	5	0	0	0	0	0	0
반의어	10	10	10	10	3	3	3	3	2	2	0
완성형	15	10	10	10	5	5	4	3	2	2	0
부수	10	5	5	5	3	3	0	0	0	0	0
동의어	10	5	5	5	3	3	3	2	0	0	0
동음 이의어	10	5	5	5	3	3	3	2	0	0	0
뜻풀이	10	5	5	5	3	3	3	2	2	2	0
필순	0	0	0	0	0	0	3	3	3	2	2
약자, 속자	3	3	3	3	3	3	3	0	0	0	0
한자 쓰기	40	30	30	30	20	20	20	20	10	0	0

합격 기준표

구분	1급	2급	3급	3급Ⅱ	4급	4급Ⅱ	5급	6급	6급Ⅱ	7급	8급
출제 문항 수	200	150	150	150	100	100	100	90	80	70	50
합격 문항 수	160	105	105	105	70	70	70	63	56	49	35
시험 시간	90분	60분			50분						

급수 자격의 좋은점

- 8급부터 학교 생활 기록부에 반영되며, 4급 이상부터 국가 공인 자격증이 주어진다.
- 4급 이상 급수증으로 대학 입시 수시 모집 및 특별 전형에 응시할 수 있다.
- 2005학년부터 한문 과목이 수능 선택 과목이 된다.
- 일반 기업체 인사 고과에도 한자 능력을 중시한다.

한자의 구성 원리

육서(六書)에 대하여

육서(六書)란 한자가 어떻게 만들어졌는지, 그 만들어진 원리를 설명하기 위해 고안된 것입니다. 육서는 상형(象形), 지사(指事), 회의(會意), 형성(形聲), 전주(轉注), 가차(假借)의 여섯 가지입니다. 이 육서를 알면 한자의 성생 원리는 물론이요, 글자의 뜻과 다른 글자와의 관계를 이해하는 데 큰 도움이 됩니다.

상형 문자
象形 文字

상형 문자는 아래와 같이 사물의 모양이나 특징을 본떠서 만든 글자입니다.

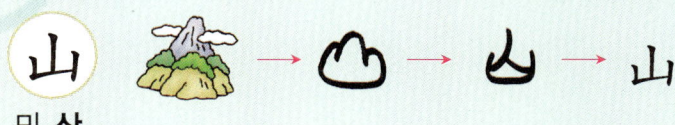
뫼 산

지사 문자
指事 文字

추상적인 뜻을 선이나 점으로 나타낸 글자입니다.

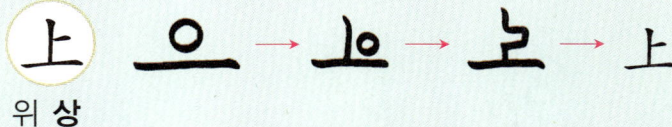
위 상

회의 문자
會意 文字

상형이나 지사 문자 중에서 둘 이상의 글자를 합하여 만든 글자입니다.

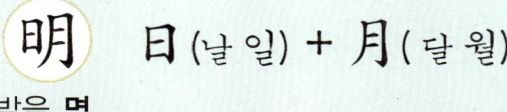
밝을 명

형성 문자
形聲 文字

이미 만들어진 글자의 뜻과 음을 합하여 만든 글자입니다.

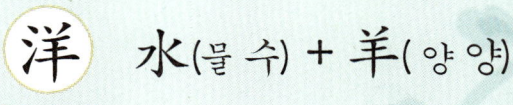
큰바다 양

전주 문자
轉注 文字

이미 있는 글자에 다른 음과 뜻을 포함시킨 글자입니다.

惡　① 악할 악　　② 미워할 오
　　　善惡(선악)　　　憎惡(증오)
악할 악

가차 문자
假借 文字

본래의 뜻과는 상관 없이 비슷한 음을 빌려 쓴 글자입니다.

亞細亞 (아세아 → 아시아)

※ 8·7급에서는 육서 중 '상형, 지사, 회의'에 대해 자세히 설명합니다.(형성, 가차, 전주는 6급에서 설명함)

상형 문자 (象形文字)

한자가 만들어진 원리 중에서 가장 기본이 된다고 할 수 있는 원리입니다. 눈에 보이는 구체적인 사물의 모양을 본떠 만든 문자로, 약 6000자가 있습니다. 이 상형 문자는 다른 문자와 결합하여, 새로운 글자를 만드는 데도 많이 사용됩니다.

상형 문자	구성 내용	설명
日 날 일	☀ → ⊙ → ⊖ → 日	해의 모양을 본떠 만든 글자입니다. 해가 떠서 지면 하루가 되므로 '날'을 뜻하게 됩니다.
月 달 월	🌙 → → 月 → 月	초승달의 모양을 본떠 만든 글자입니다. 초승달에 之(갈 지)자 모양의 구름이 걸려 있는 형상입니다.
水 물 수	〰 → 㳰 → 氺 → 水	굽이쳐 흐르는 물줄기 모양을 본떠 만든 글자입니다.
火 불 화	🔥 → 灬 → 火 → 火	활활 타오르는 불꽃의 모양을 본떠 만든 글자입니다.
木 나무 목	🌳 → 朩 → 朩 → 木	나무의 줄기와 가지, 그리고 뿌리의 모양을 본떠 만든 글자입니다.
山 뫼 산	⛰ → ⌒ → 凵 → 山	세 개의 산봉우리가 우뚝 서 있는 모양을 본떠 만든 글자입니다.
門 문 문	🚪 → 門 → 門 → 門	미닫이문의 모양을 본떠 만든 글자입니다.

지사 문자 (指事文字)

모양이 있는 물건들은 그 모양의 특징을 살려 나타낸 것이 상형 문자입니다. 그런데 '하나, 둘'이나 '위, 아래'처럼 모양이 없는 것은 어떻게 문자로 나타내면 좋을까요? 이와 같이 모양이 없는 추상적인 것을 아래와 같이 점이나 선 또는 기호로 나타낸 것이 지사 문자입니다.

지사 문자	구성 내용	설명
一 한 일	☞ → ━ → ━ → 一	'하나'라는 뜻을 내기 위해 선 하나를 그었습니다.
二 두 이	∥ → ═ → ═ → 二	'둘'이라는 뜻을 나타내기 위해 선을 두 개 그었습니다.
上 위 상	ᴗ → ᴗ̥ → ᴸ → 上	'위'라는 뜻을 나타내기 위하여 기준선(━)을 긋고, 그 위에 해당하는 곳에 점을 찍었습니다.
中 가운데 중	⊕ → 中 → 中 → 中	'가운데'라는 뜻을 나타내기 위하여 물건의 중심을 뚫고 지나가는 선을 그렸습니다.
下 아래 하	ᴖ → ᴖ̥ → ᴛ → 下	'아래'라는 뜻을 나타내기 위해 기준선을 긋고, 위와는 반대 되는 위치인 아래에 점을 찍었습니다.

상형 문자와 지사 문자를 합쳐 새로운 글자를 만들기도 해요.

회의 문자 (會意文字)

회의 문자는 이미 만들어져 있는 상형 문자와 지사 문자를 바탕으로 하여, 두 글자 이상을 결합하여 만든 글자입니다. 예를 들면 '나무'를 뜻하는 '木(목)'의 두 개 합쳐 '수풀'을 뜻하는 '林(림)'자가 만들어지고, 세 개를 합쳐서는 '삼림'을 뜻하는 '森(삼)'자를 만들었습니다.

회의 문자	구성 내용	설명
林 수풀 림	木(나무 목) + 木(나무 목) → 林	木(나무 목)을 두 개 합쳐서 나무가 많은 수풀을 뜻하는 林(림)자를 만들었습니다.
炎 불꽃 염	火(불 화) + 火(불 화) → 炎	火(불 화)를 두 개 합쳐서 불이 활활 타오르는 것을 뜻하는 炎(염)자를 만들었습니다.
明 밝을 명	日(날 일) + 月(달 월) → 明	해를 뜻하는 日(일)과 달을 뜻하는 月(월)을 합쳐 '밝음'을 뜻하는 明(명)자를 만들었습니다.
男 사내 남	田(밭 전) + 力(힘 력) → 男	밭(田)에서 힘(力)을 들여 일하는 사람이 곧 '사내'라는 뜻으로 男(남)자를 만들었습니다.
休 쉴 휴	人(사람 인) + 木(나무 목) → 休	사람(人)이 나무(木) 밑에 쉬고 있는 모습에서 두 글자를 합쳐 '쉬다'를 뜻하는 休(휴)자를 만들었습니다.
鳴 울 명	口(입 구) + 鳥(새 조) → 鳴	새들은 울기를 잘 하므로 새(鳥)와 입(口)을 뜻하는 두 글자를 합쳐 '운다'는 뜻의 鳴(명)자를 만들었습니다.

8급 한자 익힘책

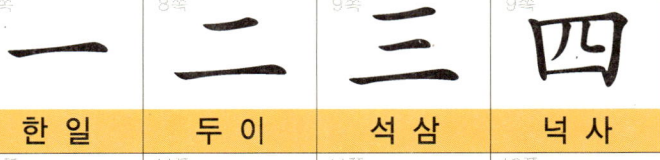

한자 다운로드 중...

한자 학습이 끝나면 잘 오려서 책상 앞에 붙여 놓아야지~.

한자 학습은 계속 되어야 해, 쭈~~욱

一	二	三	四
한 일	두 이	석 삼	넉 사

五	六	七	八	九	十
다섯 오	여섯 륙(육)	일곱 칠	여덟 팔	아홉 구	열 십
日	月	火	水	木	金
날 일	달 월	불 화	물 수	나무 목	쇠 금
土	山	女	王	父	母
흙 토	뫼 산	계집 녀(여)	임금 왕	아버지 부	어머니 모
兄	弟	學	校	先	生
맏 형	아우 제	배울 학	학교 교	먼저 선	날 생
敎	室	靑	年	白	人
가르칠 교	집 실	푸를 청	해 년	흰 백	사람 인
韓	國	軍	民	寸	門
나라이름 한	나라 국	군사 군	백성 민	마디 촌	문 문
大	小	中	外	東	西
큰 대	작을 소	가운데 중	바깥 외	동쪽 동	서쪽 서
南	北	長	萬		
남쪽 남	북쪽 북	긴 장	일만 만		

(주)교학사 / 급수 한자 익힘책

7급 한자 익힘책

한자 다운로드 중...

한자 학습이 끝나면 잘 오려서 책상 앞에 붙여 놓아야쥐~.

한자 학습은 계속 되어야 해, 쭈~~욱

上 위 상	下 아래 하	出 날 출	入 들 입		
內 안 내	百 일백 백	不 아닐 불(부)	正 바를 정	天 하늘 천	地 땅 지
男 사내 남	子 아들 자	食 밥 식	口 입 구	便 편할 편	安 편안할 안
孝 효도 효	道 길 도	家 집 가	事 일 사	住 살 주	所 바 소
洞 골 동	里 마을 리	邑 고을 읍	面 낯 면	村 마을 촌	老 늙을 로(노)
千 일천 천	字 글자 자	前 앞 전	後 뒤 후	左 왼쪽 좌	右 오른쪽 우
春 봄 춘	夏 여름 하	秋 가을 추	冬 겨울 동	時 때 시	間 사이 간
江 강 강	川 내 천	花 꽃 화	草 풀 초	自 스스로 자	然 그러할 연
育 기를 육	林 수풀 림	空 빌 공	氣 기운 기		

(주)교학사 / 급수 한자 익힘책

7급 한자 익힘책

한자 다운로드 중...

手	足	直	立		
손 수	발 족	곧을 직	설 립		
動	物	重	力	方	命
움직일 동	만물 물	무거울 중	힘 력	모 방	목숨 명
工	場	電	話	農	夫
장인 공	마당 장	번개 전	말할 화	농사 농	지아비 부
休	紙	世	平	全	心
쉴 휴	종이 지	대 세	평평할 평	온전할 전	마음 심
問	答	記	語	漢	文
물을 문	대답할 답	기록할 기	말씀 어	한수 한	글월 문
算	數	少	祖	姓	名
셈할 산	셀 수	적을 소	할아버지 조	성 성	이름 명
午	夕	同	色	登	市
낮 오	저녁 석	한가지 동	빛깔 색	오를 등	시장 시
車	主	每	有	植	來
수레 거(차)	주인 주	매양 매	있을 유	심을 식	올 래
歌	旗	海	活		
노래 가	깃발 기	바다 해	살 활		

(주)교학사 / 급수 한자 익힘책

一

뜻 : 하나 음 : 일

부수	一
총획수	1획

글자의 유래
손가락 하나의 모양을 본떠 만든 글자.

글자가 쓰인 예
- 나는 초등 학교 一學年(일 학년) 학생입니다.
- 운동회의 달리기 경기에서 一等(일 등)을 하였습니다.

한자 써 보기 一

一					
한 일					

二

뜻 : 둘 음 : 이

부수	二
총획수	2획

글자의 유래
손가락 두 개를 펼친 모양을 본떠 만든 글자.

글자가 쓰인 예
- 우리 집은 二層(이 층)입니다.
- 이제 곧 나도 二學年(이 학년)이 됩니다.

한자 써 보기 二

二					
두 이					

三

뜻 : 셋   음 : **삼**

부수	一
총획수	3획

글자의 유래
손가락 세 개를 나란히 편 모양을 본떠 만든 글자.

글자가 쓰인 예
- 삼각자는 三角形(삼각형)입니다.
- 어제 三寸(삼촌)의 생신 잔치를 하였습니다.

한자 써 보기   一 二 三

三					
석 **삼**					

四

뜻 : 넷   음 : **사**

부수	口
총획수	5획

글자의 유래
사방을 네 부분으로 나누는 모양으로 '넷'을 나타냄.

글자가 쓰인 예
- 큰길의 四(사)거리는 복잡합니다.
- 二(이)에 二(이)를 더하면 四(사)가 됩니다.

한자 써 보기   丨 冂 冂 四 四

四					
넉 **사**					

五

뜻 : **다섯** 음 : **오**

부수	二
총획수	4획

글자의 유래
손바닥을 활짝 편 모양을 본떠 만든 글자.

글자가 쓰인 예
- 五月(오 월) 五日(오 일)은 어린이날입니다.
- 여러 갈래로 통하는 五(오)거리는 매우 복잡합니다.

한자 써 보기 一 丆 五 五

五	五	五			
다섯 **오**					

六

뜻 : **여섯** 음 : **륙(육)**

부수	八
총획수	4획

글자의 유래
양손의 손가락 세 개씩을 펼친 모양을 본떠 만든 글자.

글자가 쓰인 예
- 할머니께서는 올해 六十(육십) 세가 되십니다.
- 六學年(육 학년)이 된 오빠는 곧 졸업을 할 것입니다.

한자 써 보기 ㇔ 一 六 六

六	六	六			
여섯 **륙**					

뜻 : 일곱 음 : **칠**

부수	一
총획수	2획

글자의 유래
다섯 손가락과 두 손가락을 합쳐 '일곱'을 나타냄.

글자가 쓰인 **예**
- 七月(칠 월) 七夕(칠석)은 견우와 직녀가 만나는 날입니다.
- 北斗七星(북두칠성)은 일곱 개의 별로 이루어져 있습니다.

한자 써 보기 一 七

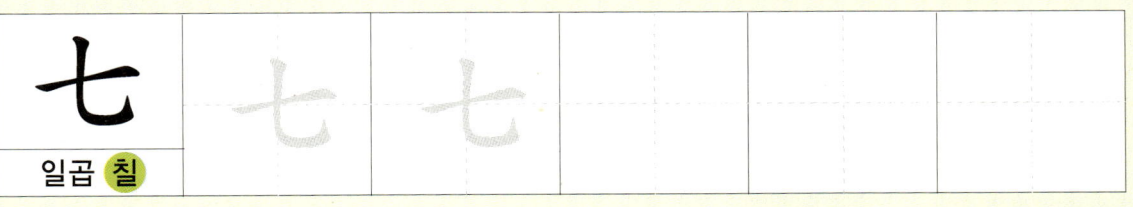

일곱 **칠**

뜻 : 여덟 음 : **팔**

부수	八
총획수	2획

글자의 유래
두 손을 네 손가락씩 펴서 세운 모양을 나타냄.

글자가 쓰인 **예**
- 할아버지의 걸음걸이는 八字(팔 자) 모양입니다.
- 우리 가족은 八月(팔 월)에 여름 휴가를 갑니다.

한자 써 보기 ノ 八

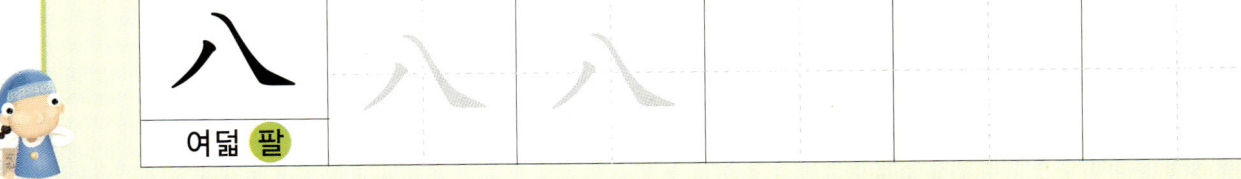

여덟 **팔**

九

뜻: **아홉** 음: **구**

부수	乙
총획수	2획

글자의 유래
열 십(十) 자의 가로줄을 구부려 열에서 하나가 모자라는 '아홉'을 나타냄.

글자가 쓰인 예
- 지민이는 一九九六(1996)년에 태어났습니다.
- 우리 학교는 十九(19) 년의 전통이 있는 학교입니다.

한자 써 보기 ノ 九

九 아홉 구	九	九			

十

뜻: **열** 음: **십**

부수	十
총획수	2획

글자의 유래
두 손을 펴서 엇갈리게 하여 '열'을 나타냄.

글자가 쓰인 예
- 十二月(십이 월)은 한 해의 마지막 달입니다.
- 十年(십 년) 만에 큰 가뭄이 들어 농작물의 피해가 큽니다.

한자 써 보기 一 十

十 열 십	十	十			

배운 한자를 써 보시오.

一 한 일							8·7급
二 두 이							
三 석 삼							
四 넉 사							
五 다섯 오							
六 여섯 륙(육)							
七 일곱 칠							
八 여덟 팔							
九 아홉 구							
十 열 십							

뜻 : 날　음 : **일**

부수	日
총획수	4획

글자 의 유 래
해의 모양을 본떠 만든 글자.

글자 가 쓰 인 **예**
- 日記(일기) : 그 날 있었던 일이나 감상·생각 등을 기록한 글.
- 休日(휴일) : 일을 하지 않고 쉬는 날.

한자 써 보 기　丨 冂 冃 日

日	日	日			
날 **일**					

뜻 : 달　음 : **월**

부수	月
총획수	4획

글자 의 유 래
달의 모양을 본떠 만든 글자.

글자 가 쓰 인 **예**
- 明月(명월) : 밝은 달.
- 日月(일월) : 해와 달.

한자 써 보 기　丿 冂 月 月

月	月	月			
달 **월**					

뜻 : 불   음 : **화**

부수	火
총획수	4획

글자의 유래
불타는 모양을 본떠 만든 글자.

글자가 쓰인 예
- 火力(화력) : 불의 힘.
- 火山(화산) : 땅 속의 가스나 용암이 뿜어져 나오는 산.

한자 써 보기   丶 丷 少 火

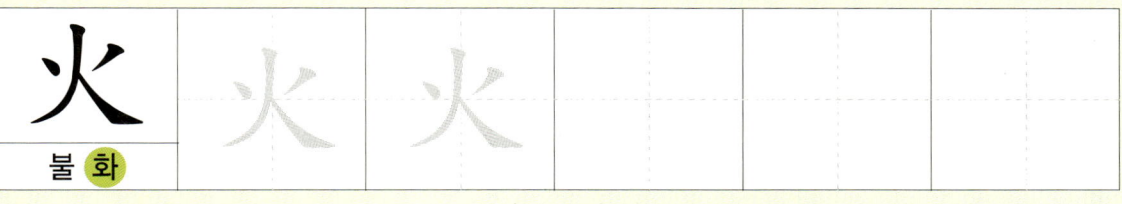

火	火	火			
불 화					

뜻 : 물   음 : **수**

부수	水
총획수	4획

글자의 유래
흘러가는 물의 모양을 본떠 만든 글자.

글자가 쓰인 예
- 水力(수력) : 물의 힘.
- 水平(수평) : 잔잔한 수면처럼 평평한 상태.

한자 써 보기   亅 기 氺 水

水	水	水			
물 수					

 뜻 : **나무** 음 : **목**

부수	木
총획수	4획

글자 의 유 래
나무의 모양을 본떠 만든 글자.

글자 가 쓰인 **예**
- 木石(목석) : 나무와 돌.
- 草木(초목) : 풀과 나무.

한자 써 보기   一 十 才 木

나무 **목**

 뜻 : **쇠** 음 : **금**

부수	金
총획수	8획

글자 의 유 래
흙 속에서 빛을 내는 '금, 쇠'를 나타낸 글자.

글자 가 쓰인 **예**
- 金言(금언) : 생활에 도움이 되는 뜻있는 말.
- 入金(입금) : 돈이 들어옴. 또는 들어온 돈.

한자 써 보기   ノ 人 스 슨 仝 余 余 金

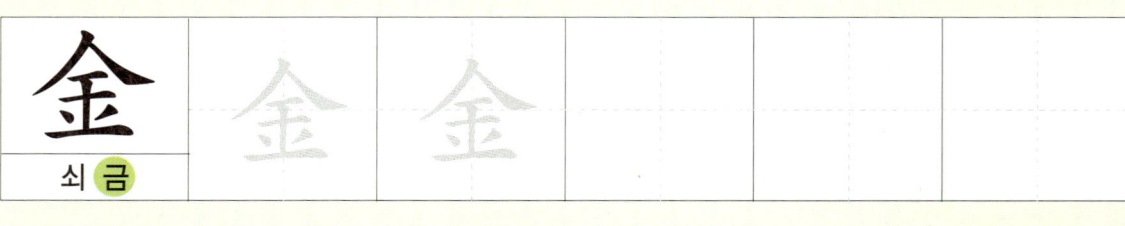
쇠 **금**

뜻 : 흙 음 : **토**

부수	土
총획수	3획

글자의 유래
  싹이 땅 위로 솟아올라 자라는 모양을 본뜬 글자.

글자가 쓰인 예
  • 土木(토목) : 흙과 나무.
  • 國土(국토) : 나라의 땅.

한자 써 보기   一   十   土

土	土	土			
흙 **토**					

山

뜻 : 뫼 음 : **산**

부수	山
총획수	3획

글자의 유래
  산이 이어져 있는 모양을 본떠 만든 글자.

글자가 쓰인 예
  • 山林(산림) : 산과 숲. 산에 있는 숲.
  • 山水(산수) : 산과 물. 또는 '자연'을 이르는 말.

한자 써 보기   丨   山   山

山	山	山			
뫼 **산**					

女

뜻 : 계집 음 : **녀(여)**

부수	女
총획수	3획

글자의 유래
여자가 무릎을 꿇고 얌전히 앉아 있는 모습을 나타냄.

글자가 쓰인 예
- 女王(여왕) : 여자 왕.
- 男女(남녀) : 남자와 여자.

한자 써 보기   く　乆　女

계집 녀

王

뜻 : 임금 음 : **왕**

부수	王
총획수	4획

글자의 유래
날이 선 도끼의 모양을 나타내어 무기를 쓸 수 있는 '임금'을 뜻함.

글자가 쓰인 예
- 王家(왕가) : 임금과 친척 관계에 있는 집안.
- 國王(국왕) : 나라의 임금.

한자 써 보기   一　丁　干　王

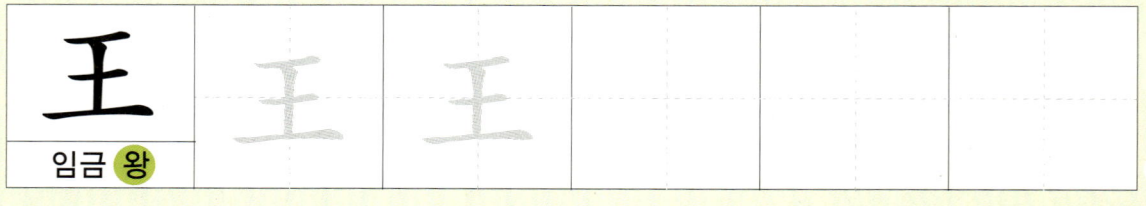

임금 왕

배운 한자를 써 보시오.

日 날 일	日	日					
月 달 월	月	月					
火 불 화	火	火					
水 물 수	水	水					
木 나무 목	木	木					
金 쇠 금	金	金					
土 흙 토	土	土					
山 뫼 산	山	山					
女 계집 녀(여)	女	女					
王 임금 왕	王	王					

연습문제

공부한날	월	일	점수

 다음 □ 안에 알맞은 숫자를 보기 에서 찾아 쓰시오. (1~4)

보기   七   三   六   四   五   九

1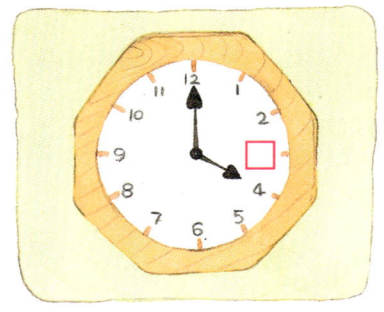

2

3

4

다음 한자의 올바른 뜻과 음을 찾아 선으로 이으시오. (5~8)

5  •   • ㉠ 쇠 금

6  •   • ㉡ 임금 왕

7  •   • ㉢ 여덟 팔

8  •   • ㉣ 물 수

👦 다음 모양을 본뜬 한자를 보기 에서 찾아 쓰시오. (9~12)

보기   日   女   火   木   月   九

9

10

11

12

👦 다음 뜻과 음에 알맞은 한자를 쓰시오. (13~16)

13 흙 토 (   )   14 열 십 (   )

15 넉 사 (   )   16 달 월 (   )

👦 다음 글에 나오는 한자의 알맞은 독음을 (   ) 안에 쓰시오. (17~20)

17 겨울 방학이 지나면 六(   ) 학년이 됩니다.

18 영국의 왕실에는 女王(   )이 있습니다.

19 一(   ) 더하기 一(   ) 은 二(   )입니다.

20 우리 나라는 山水(   )가 뛰어납니다.

뜻 : 아버지 음 : **부**

부수	父
총획수	4획

글자의 유래
가족들을 거느리고 이끄는 '가장', 즉 '아버지'를 뜻하는 글자.

글자가 쓰인 **예**
- 父子(부자) : 아버지와 아들.
- 父母(부모) : 아버지와 어머니.

한자 써 보기   ノ ハ グ 父

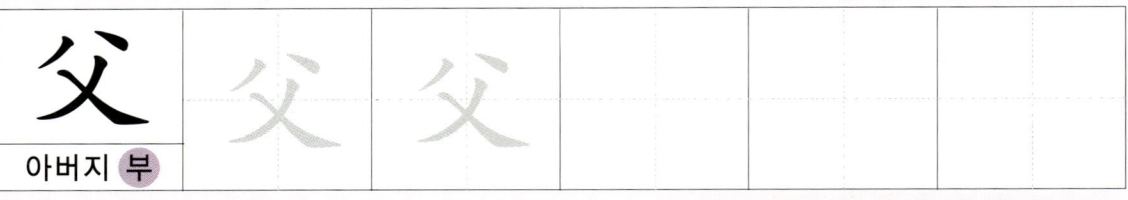

아버지 부

뜻 : 어머니 음 : **모**

부수	毋
총획수	5획

글자의 유래
여자가 아기에게 젖을 주는 모양으로 '어머니'를 나타냄.

글자가 쓰인 **예**
- 母女(모녀) : 어머니와 딸.
- 祖母(조모) : '할머니'를 일컫는 말.

한자 써 보기   ㄴ ㄅ ㅂ 母 母

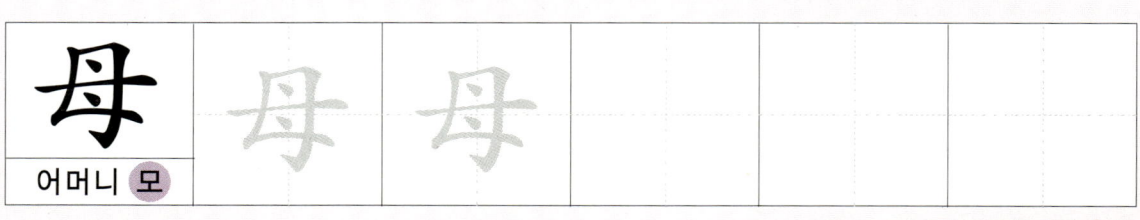

어머니 모

兄

뜻 : 맏 음 : **형**

부수	儿
총획수	5획

글자의 유래
말과 행동으로 모범을 보이는 사람, 즉 '맏이'를 나타내는 글자.

글자가 쓰인 예
- 兄弟(형제) : 형과 아우.
- 兄夫(형부) : 언니의 남편.

한자 써 보기
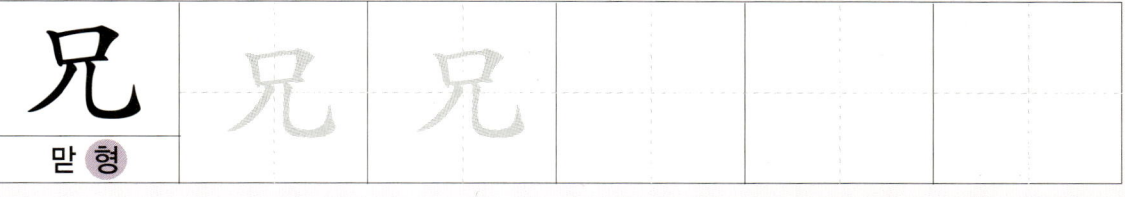

兄	兄	兄			
맏 형					

弟

뜻 : 아우 음 : **제**

부수	弓
총획수	7획

글자의 유래
줄기가 나뭇가지를 타고 오르는 모양으로, '아우'를 나타내는 글자.

글자가 쓰인 예
- 弟子(제자) : 가르침을 받는 사람.
- 師弟(사제) : 스승과 제자.

한자 써 보기

弟	弟	弟			
아우 제					

뜻 : 배우다　음 : **학**

부수	子
총획수	16획

글자의 유래
아이를 잘 가르쳐 본받게 하는 것을 뜻하는 글자.

글자가 쓰인 **예**
- 學力(학력) : 배움의 정도.
- 學生(학생) : 배우는 사람.

한자 써 보기　丨 ｢ ￨ﾞ ﾉﾞ 臼 臼 與 學 學 學

學 배울 학	學	學			

뜻 : 학교　음 : **교**

부수	木
총획수	10획

글자의 유래
나무가 있는 곳에서 친구들과 즐겁게 배우는 곳을 뜻함.

글자가 쓰인 **예**
- 校門(교문) : 학교의 문.
- 學校(학교) : 모여서 배우고 익히는 곳.

한자 써 보기　一 十 オ 木 木 朮 朮 杧 柼 校

校 학교 교	校	校			

先

뜻 : 먼저　음 : **선**

부수	儿
총획수	6획

글자의 유래
남보다 앞서가는 사람을 나타낸 글자.

글자가 쓰인 예
- 先生(선생) : 가르치는 사람.
- 先人(선인) : 앞선 시대에 살았던 사람.

한자 써 보기　′　⺅　⺊　生　步　先

先	先	先			
먼저 선					

生

뜻 : 나다　음 : **생**

부수	生
총획수	5획

글자의 유래
초목의 새싹이 땅 위로 솟아나오는 모양을 나타낸 글자.

글자가 쓰인 예
- 生日(생일) : 태어난 날.
- 人生(인생) : 사람의 생애.

한자 써 보기　′　⺅　⺊　牛　生

生	生	生			
날 생					

教

뜻 : 가르치다　음 : 교

부수	攵
총획수	11획

글자의 유래
아이들에게 회초리를 들고 엄하게 가르치는 것을 나타낸 글자.

글자가 쓰인 예
- 教育(교육) : 가르쳐 기름.
- 教室(교실) : 학교에서 공부를 하는 방.

한자 써 보기　´　⺨　≠　⺷　耂　孝　孝　孝′　孝攵　教攵　教

教	教	教			
가르칠 교					

室

뜻 : 집　음 : 실

부수	宀
총획수	9획

글자의 유래
사람이 머무는 곳. 즉 '집'을 나타낸 글자.

글자가 쓰인 예
- 室內(실내) : 방의 안.
- 入室(입실) : 방에 들어감.

한자 써 보기　丶　宀　宀　宁　宝　室　室　室

室	室	室			
집 실					

배운 한자를 써 보시오.

父 아버지 부							
母 어머니 모							
兄 맏 형							
弟 아우 제							
學 배울 학							
校 학교 교							
先 먼저 선							
生 날 생							
教 가르칠 교							
室 집 실							

青

뜻 : 푸르다   음 : **청**

부수	青
총획수	8획

글자의 유래
초목의 싹이 푸르게 돋아나는 것을 나타낸 글자.

글자가 쓰인 **예**
- 青山(청산) : 푸른 산.
- 青年(청년) : 젊은 사람. 특히 남자를 가리킴.

한자 써 보기   一 十 キ 主 丰 青 青 青

青	青	青			
푸를 청					

年

뜻 : 해   음 : **년**

부수	干
총획수	6획

글자의 유래
해마다 거둬들이는 벼를 통하여 '해, 나이'를 뜻함.

글자가 쓰인 **예**
- 來年(내년) : 올해의 다음 해. 다가올 해.
- 少年(소년) : 아직 청년이 되지 않은 어린 남자 아이.

한자 써 보기   ノ ヒ ヒ 二 生 年

年	年	年			
해 년					

뜻 : 희다　음 : **백**

부수	白
총획수	5획

글자 의 유래
햇빛이 비치는 모양을 통해 밝음을 나타냄.

글자 가 쓰 인 **예**
- 白色(백색) : 하얀 빛깔.
- 白人(백인) : 황인종이나 흑인종과 달리 피부가 하얀 사람.

한자 써 보기　′ 丨 白 白 白

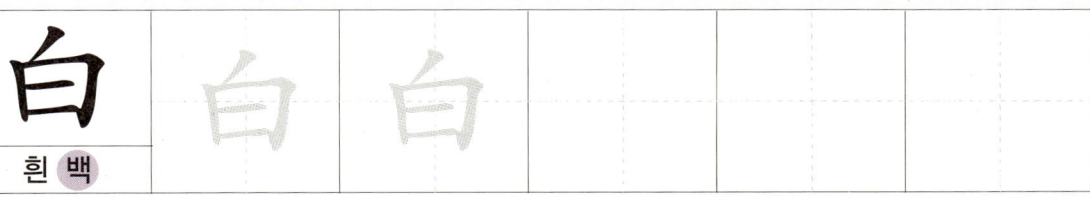

흰 **백**

뜻 : 사람　음 : **인**

부수	人
총획수	2획

글자 의 유래
팔을 뻗고 서 있는 사람의 모습을 나타냄.

글자 가 쓰 인 **예**
- 人間(인간) : 사람을 일컬음.
- 世人(세인) : 세상 사람들.

한자 써 보기　ノ 人

사람 **인**

韓

뜻 : 나라이름 음 : 한

부수	韋
총획수	17획

글자의 유래
성으로 둘러싸여 있는 해 돋는 쪽의 나라의 모습을 나타냄.

글자가 쓰인 예
- 韓國(한국) : 우리 나라를 나타냄.
- 內韓(내한) : 한국에 옴.

한자 써 보기 一 十 古 古 卓 卓' 卓" 韩 韩 韓 韓 韓

韓	韓	韓			
나라이름 한					

國

뜻 : 나라 음 : 국

부수	囗
총획수	11획

글자의 유래
무기를 들고 자기의 나라를 지키는 모습을 나타냄.

글자가 쓰인 예
- 國民(국민) : 한 나라의 백성.
- 國語(국어) : 국민 모두가 사용하는 그 나라의 말.

한자 써 보기 丨 冂 冂 冃 冋 冋 国 國 國 國

國	國	國			
나라 국					

軍

뜻 : 군사 음 : **군**

부수	車
총획수	9획

글자 의 유래
수레를 둘러싸고 있는 병사들의 모습을 나타냄.

글자 가 쓰인 예
- 軍人(군인) : 군대에 몸이 딸린 장교와 사병.
- 國軍(국군) : 우리 나라의 군대.

한자 써 보기 ′ ′ ′ ㄇ ㄇ ㄇ 굠 굠 宣 軍

軍	軍	軍			
군사 **군**					

民

뜻 : 백성 음 : **민**

부수	氏
총획수	5획

글자 의 유래
싹이 많이 나 있는 토지에 의지하여 사는 사람, 곧 백성을 나타냄.

글자 가 쓰인 예
- 民生(민생) : 일반 사람들의 생활.
- 民主(민주) : 주권이 국민에게 있음.

한자 써 보기 ㄱ ㄱ ㄹ 尸 民

民	民	民			
백성 **민**					

8 · 7급 **31**

 뜻 : 마디 음 : **촌**

부수	寸
총획수	3획

글자 의 유래
손목에서 맥박이 뛰는 곳까지의 거리로, '한 치, 마디'를 나타냄.

글자가 쓰인 예
- 三寸(삼촌) : 아버지의 남자 형제.
- 外三寸(외삼촌) : 어머니의 남자 형제.

한자 써 보기   一 寸 寸

寸 마디 촌	寸	寸			

 뜻 : 문 음 : **문**

부수	門
총획수	8획

글자 의 유래
두 개의 문짝이 달혀 있는 모양을 나타냄.

글자가 쓰인 예
- 大門(대문) : 한 집의 정문. 또는 큰 문.
- 家門(가문) : 집안 대대로 내려오는 그 집안의 사회적 지위.

한자 써 보기   丨 冂 冂 冃 冃 門 門 門

門 문 문	門	門			

배운 한자를 써 보시오.

青 푸를 청							8·7급
年 해 년							
白 흰 백							
人 사람 인							
韓 나라이름 한							
國 나라 국							
軍 군사 군							
民 백성 민							
寸 마디 촌							
門 문 문							

연습문제 2회

| 공부한날 | 월 | 일 | 점수 |

다음 한자의 올바른 뜻과 음을 찾아 선으로 이으시오. (1~4)

1. 先 · · ① 마디 · · ㉠ 군
2. 軍 · · ② 군사 · · ㉡ 교
3. 寸 · · ③ 먼저 · · ㉢ 촌
4. 敎 · · ④ 가르치다 · · ㉣ 선

다음 뜻에 알맞은 한자를 보기에서 찾아 쓰시오. (5~8)

보기   韓國   父母   學校   兄弟

5. 아버지와 어머니

(   )

6. 형과 아우

(   )

7. 우리 나라

(   )

8. 함께 배우고 익히는 곳

(   )

● 다음 글의 밑줄 친 부분에 공통으로 쓰이는 한자를 보기 에서 찾아 쓰시오. (9~12)

보기   年   國   人   靑   山   心

9 ┌ 푸른 산을 '청산' 이라고 합니다.
  └ 운동회 때 우리 반은 청군을 응원했습니다.

10 ┌ 우리 삼촌은 내년에 결혼을 하십니다.
   └ 소년기에는 책을 많이 읽어야 합니다.

11 ┌ 자원 절약은 애국심의 기초입니다.
   └ 국어를 올바르게 사용하여야 합니다.

12 ┌ 우리 마을은 인심이 좋기로 유명합니다.
   └ 인어 공주는 사람이 되고 싶었습니다.

● 다음 한자의 알맞은 독음을 쓰시오. (13~15)

13 女人   14 水門   15 先生

   (   )   (   )   (   )

● 다음 뜻과 음에 알맞은 한자를 보기 에서 찾아 쓰시오. (16~19)

보기   民   生   門   室   校   白

16 흰 백 – (   )   17 집 실 – (   )

18 날 생 – (   )   19 백성 민 – (   )

20 다음 한자의 알맞은 독음을 (   ) 안에 쓰시오.

우리 父母(   )님은 참 다정하십니다. 그 모습을 보며 자란 저희 兄弟(   )도 늘 사이좋게 지낸답니다. 그리고 學校(   )에서 친구들과도 늘 즐겁게 생활합니다.

 뜻 : 크다 음 : **대**

부수	大
총획수	3획

글자 의 유래
사람이 팔과 다리를 크게 벌리고 서 있는 모습에서 '크다' 를 나타냄.

글자 가 쓰인 예
- 大小(대소) : 큰 것과 작은 것.
- 大學(대학) : 고등 학교를 졸업하고 진학하는 교육 기관.

한자 써 보기   一 ナ 大

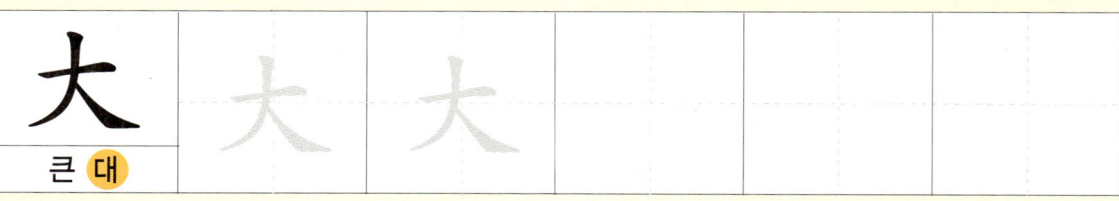
큰 **대**

 뜻 : 작다 음 : **소**

부수	小
총획수	3획

글자 의 유래
조그마한 것을 또다시 나누어 '아주 작다' 는 것을 나타냄.

글자 가 쓰인 예
- 小人(소인) : 나이 어린 아이 또는 키나 몸집이 작은 사람.
- 小品(소품) : 작은 물건. 그림, 조각, 따위의 규모가 작고 간단한 작품.

한자 써 보기   ㅣ 亅 小

작을 **소**

뜻 : **가운데** 음 : **중**

부수	丨
총획수	4획

글자의 유래
물건의 한 가운데를 꿰뚫어 놓은 모습에서 '가운데'를 나타냄.

글자가 쓰인 예
- 中心(중심) : 한가운데. 한복판.
- 中間(중간) : 두 사물이나 현상의 사이. 한가운데.

한자 써 보기 丨 冂 口 中

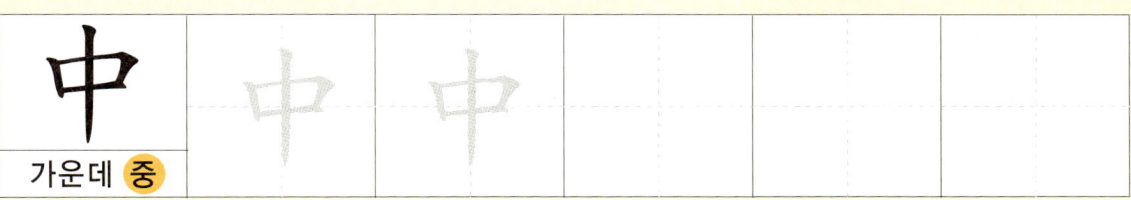

가운데 **중**

外

뜻 : **바깥** 음 : **외**

부수	夕
총획수	5획

글자의 유래
저녁에 점을 치는 것은 관례에서 벗어난다 하여 '바깥'을 나타냄.

글자가 쓰인 예
- 外國(외국) : 자기 나라가 아닌 다른 나라.
- 內外(내외) : 안과 밖.

한자 써 보기 ノ ク 夕 列 外

바깥 **외**

 뜻: 동쪽 음: **동**

부수	木
총획수	8획

글자 의 유래
아침에 해가 나뭇가지에 걸려 있는 모습으로 '동쪽'을 나타냄.

글자 가 쓰인 예
- 東海(동해) : 우리 나라의 동쪽에 있는 바다.
- 東風(동풍) : 동쪽에서 불어 오는 바람.

한자 써 보기   一 厂 冂 冂 百 申 東 東

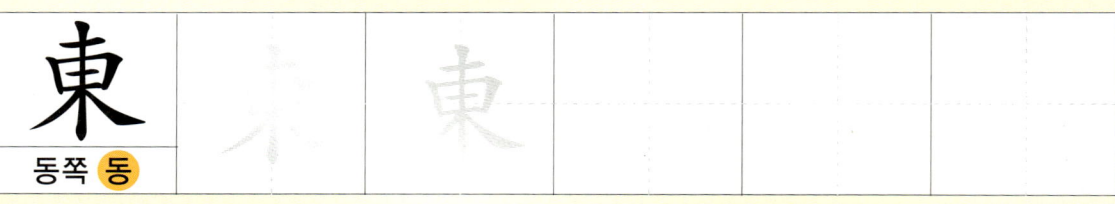

뜻: 서쪽 음: **서**

부수	襾
총획수	6획

글자 의 유래
서쪽 하늘로 해가 질 무렵에 새가 둥지에 앉아 있는 모양에서 '서쪽'을 나타냄.

글자 가 쓰인 예
- 西海(서해) : 우리 나라의 서쪽에 있는 바다.
- 西洋(서양) : 유럽과 아메리카 지역의 여러 나라.

한자 써 보기   一 厂 厂 襾 襾 西

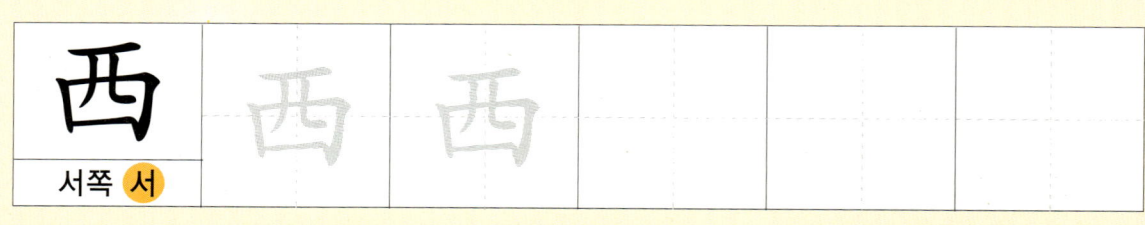

南

뜻 : 남쪽   음 : 남

부수	十
총획수	9획

글자의 유래
따뜻한 온실 안에서 자라나는 새싹의 모습에서 '남쪽'을 나타냄.

글자가 쓰인 예
- 南部(남부) : 남쪽에 있는 부분.
- 南海(남해) : 우리 나라의 남쪽에 있는 바다.

한자 써 보기   一 十 十 冇 冇 冇 南 南 南

南	南	南			
남쪽 남					

北

뜻 : 북쪽   음 : 북
뜻 : 달아나다 음 : 배

부수	匕
총획수	5획

글자의 유래
두 사람이 등지고 앉아 있는 모양에서 남향의 반대쪽 즉, '남쪽'과 '달아나다'를 나타냄.

글자가 쓰인 예
- 北京(북경) : 중국의 수도 베이징을 말함.
- 北上(북상) : 북쪽으로 올라감.

한자 써 보기   一 亅 키 꾸 北

北	北	北			
북쪽 북					

長

뜻 : 길다, 어른
음 : 장

부수	長
총획수	8획

글자 의 유래
긴 머리를 날리며 지팡이를 짚고 가는 노인의 모습에서 '길다', '어른'을 나타냄.

글자가 쓰인 예
- 長短(장단) : 길고 짧음.
- 長成(장성) : 아이가 자라서 어른이 됨.

한자 써 보기 丨 厂 F F 乕 長 長 長

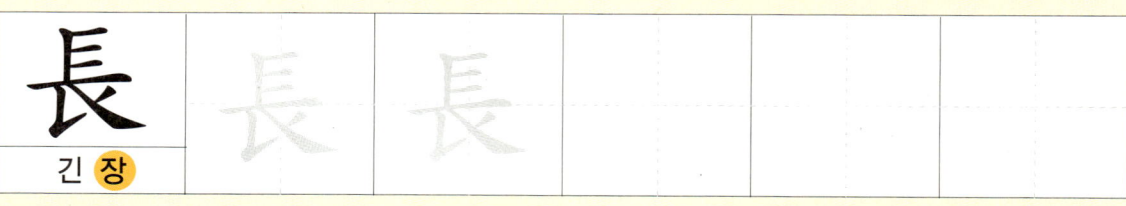

긴 장

萬

뜻 : 일만 음 : 만

부수	艹
총획수	13획

글자 의 유래
무리지어 사는 벌의 몸통, 촉각, 발의 모습을 본떠 '많음'을 나타냄.

글자가 쓰인 예
- 萬人(만인) : 매우 많은 사람 또는 모든 사람들.
- 萬物(만물) : 이 세상에 있는 모든 사물.

한자 써 보기 艹 艹 艹 苎 苎 苜 营 萬 萬 萬

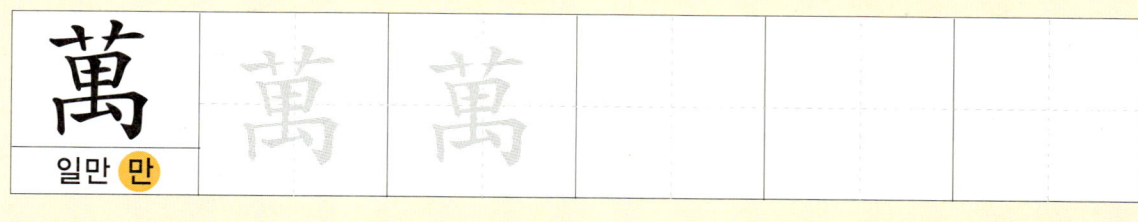

일만 만

배운 한자를 써 보시오.

大 큰 대							8·7급
小 작을 소							
中 가운데 중							
外 바깥 외							
東 동쪽 동							
西 서쪽 서							
南 남쪽 남							
北 북쪽 북							
長 긴 장							
萬 일만 만							

연습문제 3회

공부한날	월	일	점수

🧒 다음 한자의 알맞은 독음을 ( ) 안에 쓰시오. (1~3)

1 이 물건은 大小(   )를 구별할 수가 없습니다.

2 한강이 東西(   )로 길게 흘러갑니다.

3 하루빨리 南北(   ) 통일이 되었으면 좋겠습니다.

🧒 다음 한자의 뜻과 음을 쓰시오 (4~7)

4 中 (   )   5 萬 (   )

6 長 (   )   7 大 (   )

🧒 다음 뜻과 음에 알맞은 한자를 찾아 ○표 하시오. (8~10)

8 작을 소 ………… 小 少 大 中

9 동쪽 동 ………… 西 東 南 北

10 바깥 외 ………… 國 外 長 萬

뜻 : 위   음 : **상**

부수	一
총획수	3획

글자 의 유래
일정한 위치의 위에 있는 것을 나타냄.

글자 가 쓰인 예
- 上京(상경) : 지방에서 서울로 올라옴.
- 世上(세상) : 사람들이 살고 있는 사회.

한자 써 보기 丨 卜 上

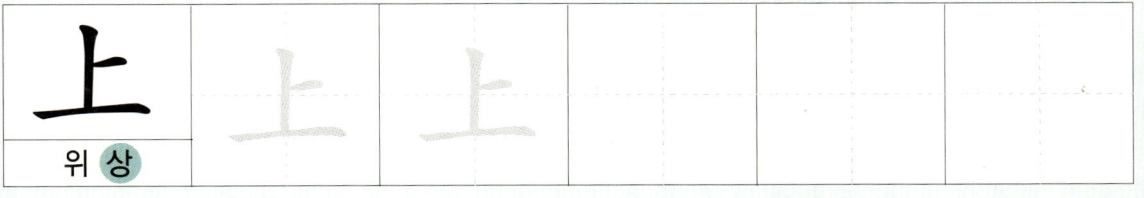

上	上	上			
위 상					

뜻 : 아래   음 : **하**

부수	一
총획수	3획

글자 의 유래
일정한 위치의 아래에 있는 것을 나타냄.

글자 가 쓰인 예
- 下人(하인) : 종으로 부리는 아랫사람.
- 上下(상하) : 위와 아래. 또는 좋고 나쁨.

한자 써 보기 一 丅 下

下	下	下			
아래 하					

뜻 : 나다   음 : 출

부수	凵
총획수	5획

글자 의 유 래
초목의 싹이 차츰 나오며 자라나는 모양을 나타냄.

글자 가 쓰 인 예
- 出國(출국) : 나라의 국경 밖으로 나감.
- 出生(출생) : 어머니의 몸에서 태어남.

한자 써 보 기   丨 屮 屮 出 出

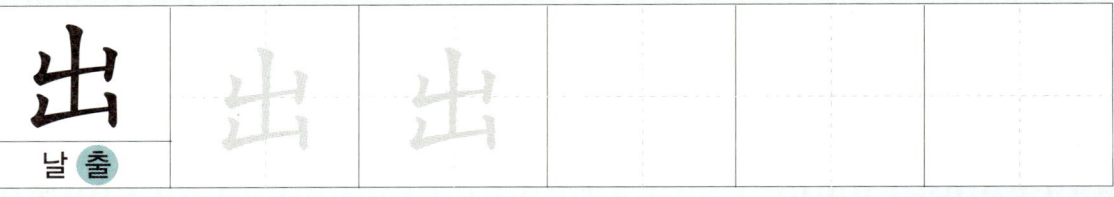

날 출

뜻 : 들다   음 : 입

부수	入
총획수	2획

글자 의 유 래
줄기가 뿌리로 갈라져 땅 속으로 들어가는 모양을 나타냄.

글자 가 쓰 인 예
- 入學(입학) : 학교에 들어감.
- 出入(출입) : 나가고 들어옴.

한자 써 보 기   丿 入

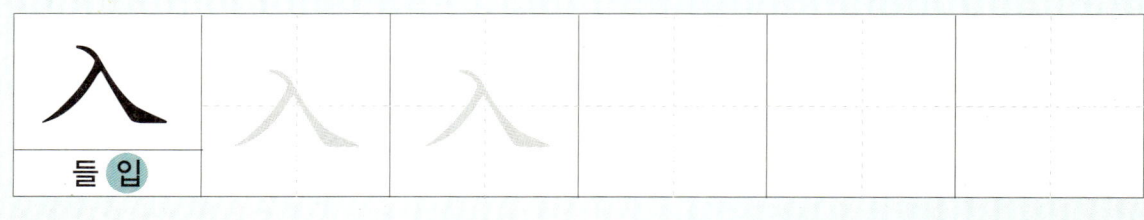

들 입

뜻 : 안   음 : **내**

부수	入
총획수	4획

글자의 유래
어떤 지역 안으로 들어가는 모양을 나타냄.

글자가 쓰인 예
- 內心(내심) : 겉으로 드러나지 않는 속마음.
- 市內(시내) : 도시의 안.

한자 써 보기   丨 冂 冋 內

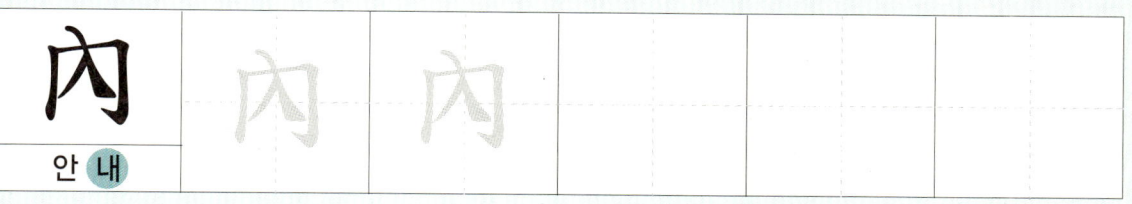

안 내

뜻 : 일백   음 : **백**

부수	白
총획수	6획

글자의 유래
하나에서 일백까지 크게 소리쳐 헤아린다는 것에서 '일백'을 나타냄.

글자가 쓰인 예
- 百年(백 년) : 일백 년, 또는 많은 해.
- 百方(백방) : 갖은 방법이나 방책. 여러 나라.

한자 써 보기   一 丆 丆 币 百 百

일백 백

뜻 : 아니다　음 : **불(부)**

부수	一
총획수	4획

글자의 유래
하늘로 날아오른 새가 내려 오지 않음을 나타냄.

글자가 쓰인 예
- 不幸(불행) : 행복하지 않음.
- 不足(부족) : 어떤 정도에서 모자람.

한자 써 보기　一 ア 不 不

不	不	不			
아닐 불					

뜻 : 바르다　음 : **정**

부수	止
총획수	5획

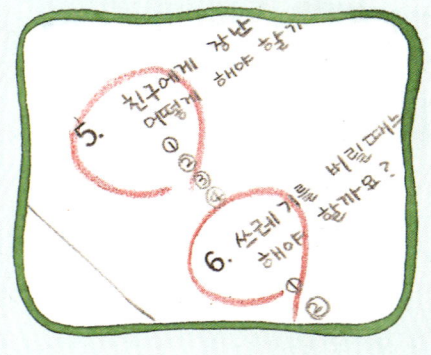

글자의 유래
정지선에 사람이 바르게 멈추어 서는 것을 나타냄.

글자가 쓰인 예
- 正答(정답) : 옳은 답.
- 不正(부정) : 바르지 않음.

한자 써 보기　一 丁 下 正 正

正	正	正			
바를 정					

天

뜻 : 하늘 음 : **천**

부수	大
총획수	4획

글자 의 유래
사람의 머리 위, 즉 넓은 하늘을 나타냄.

글자 가 쓰인 **예**
- 天命(천명) : 하늘의 명령.
- 天上(천상) : 착한 사람들이 죽은 후에 가는 곳이라고 여기는 곳.

한자 써 보기   一 二 チ 天

天	天	天			
하늘 **천**					

地

뜻 : 땅 음 : **지**

부수	土
총획수	6획

글자 의 유래
구불구불한 땅의 모양을 나타냄.

글자 가 쓰인 **예**
- 天地(천지) : 하늘과 땅.
- 地方(지방) : 서울 이외의 지역.

한자 써 보기   一 十 土 圠 地 地

地	地	地			
땅 **지**					

배운 한자를 써 보시오.

上 위 상	上	上					
下 아래 하	下	下					
出 날 출	出	出					
入 들 입	入	入					
內 안 내	內	內					
百 일백 백	百	百					
不 아닐 불(부)	不	不					
正 바를 정	正	正					
天 하늘 천	天	天					
地 땅 지	地	地					

| 급수 한자 익힘책

男

뜻 : 사내　음 : 남

부수	田
총획수	7획

글자의 유래
밭에서 힘을 쓰는 남자를 나타냄.

글자가 쓰인 예
- 男女(남녀) : 남자와 여자.
- 男子(남자) : 남성으로 태어난 사람. 사나이.

한자 써 보기　丶 冂 曰 田 田 男 男

男 사내 남	男	男			

子

뜻 : 아들　음 : 자

부수	子
총획수	3획

글자의 유래
두 팔을 벌리고 있는 아기의 모습을 나타냄.

글자가 쓰인 예
- 子女(자녀) : 아들과 딸.
- 孝子(효자) : 부모를 잘 모시는 아들.

한자 써 보기　了 了 子

子 아들 자	子	子			

 뜻 : 밥 음 : 식

부수	食
총획수	9획

글자 의 유래
그릇에 밥을 수북히 담은 모양을 나타냄.

글자 가 쓰인 예
- 食事(식사) : 밥 또는 음식 등을 먹는 일.
- 食口(식구) : 한 집에서 같이 밥을 먹으며 사는 사람. 가족.

한자 써 보기 ノ 人 人 今 今 今 食 食 食

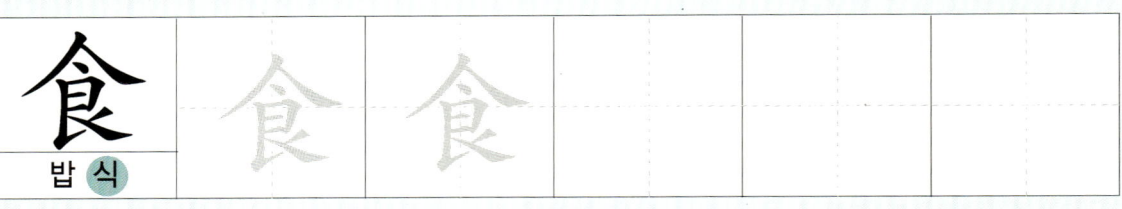

밥 식

 뜻 : 입 음 : 구

부수	口
총획수	3획

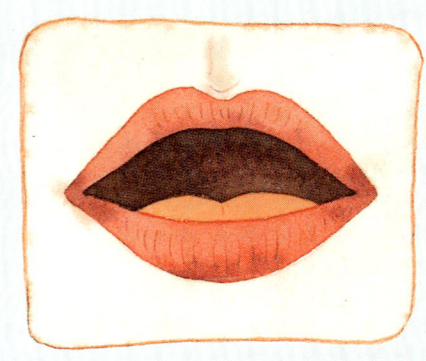

글자 의 유래
사람의 입 모양을 본뜬 글자.

글자 가 쓰인 예
- 口味(구미) : 입맛.
- 出口(출구) : 나오는 곳.

한자 써 보기 ㅣ 冂 口

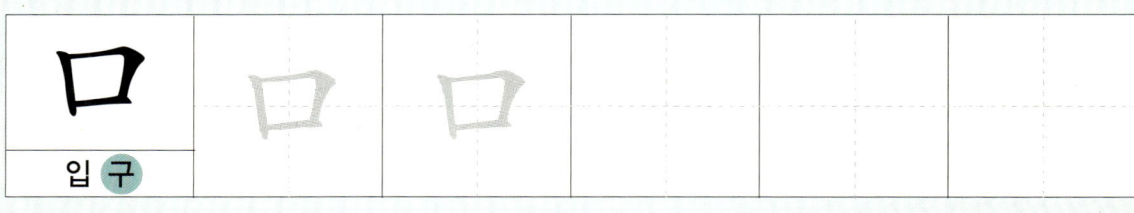

입 구

便

뜻 : 편하다	음 : **편**
뜻 : 오줌	음 : **변**

부수	亻
총획수	9획

글자 의 유래
사람이 불편한 것을 고쳐 편하게 하는 것을 나타냄.

글자 가 쓰인 예
- 便利(편리) : 어떤 일을 하는 데 편하고 쉬움.
- 便所(변소) : 대변이나 소변을 보는 곳.

한자 써 보기　ノ　イ　イ´　イ´　仁　仨　㑒　便　便

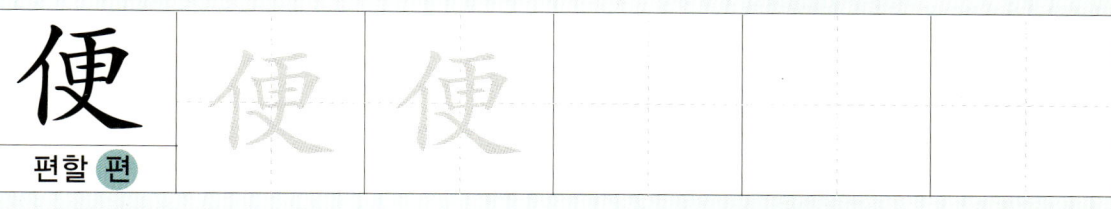

편할 **편**

安

뜻 : 편안하다	음 : **안**

부수	宀
총획수	6획

글자 의 유래
여자가 집 안에 있어 편안하다는 것을 나타냄.

글자 가 쓰인 예
- 安心(안심) : 편안한 마음.
- 便安(편안) : 몸이나 마음이 편하고 좋음.

한자 써 보기　丶　宀　宀　安　安　安

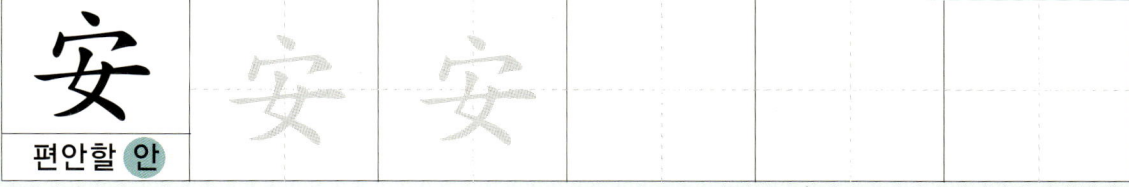

편안할 **안**

孝

뜻 : 효도　음 : 효

부수	子
총획수	7획

글자의 유래
자식이 늙으신 부모를 봉양하며 잘 모시는 것을 나타냄.

글자가 쓰인 예
- 孝女(효녀) : 효성스러운 딸.
- 孝心(효심) : 효도하는 마음.

한자 써 보기　一　十　土　耂　孝　孝

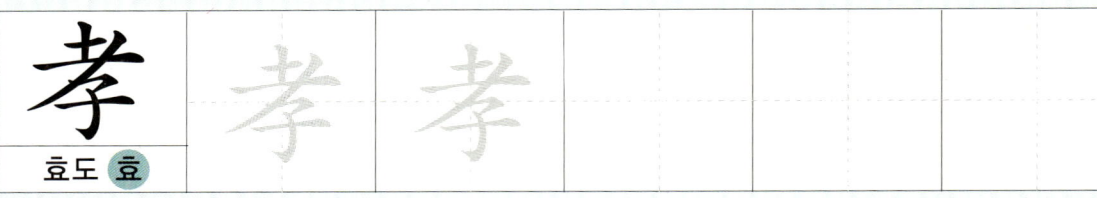

효도 효

道

뜻 : 길　음 : 도

부수	辶
총획수	13획

글자의 유래
사람이 당연히 정하여 나아갈 길을 나타냄.

글자가 쓰인 예
- 正道(정도) : 올바른 길.
- 孝道(효도) : 어버이를 잘 섬김.

한자 써 보기　丷　丷　ᅭ　ᅭ　首　首　䇮　道　道

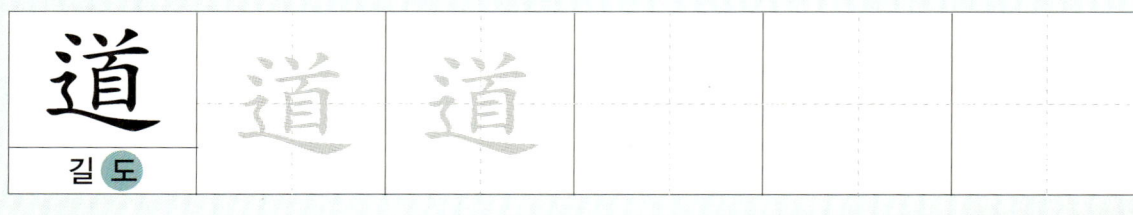

길 도

뜻 : 집   음 : **가**

부수	宀
총획수	10획

글자의 유래
집에서 돼지를 길러 제사를 지내거나 먹었다는 것을 나타냄.

글자가 쓰인 **예**
- 家族(가족) : 부부를 중심으로 한 집에서 함께 사는 사람들.
- 作家(작가) : 글을 쓰는 사람.

한자 써 보기   丶 丷 宀 宀 宁 宇 家 家 家

家 집 가	家	家			

뜻 : 일   음 : **사**

부수	亅
총획수	8획

글자의 유래
깃발을 세우는 일. 또는 나뭇가지에 팻말을 매는 것을 나타냄.

글자가 쓰인 **예**
- 家事(가사) : 집안일.
- 農事(농사) : 논밭을 경작하는 일.

한자 써 보기   一 丆 冂 冃 写 写 耳 事

事 일 사	事	事			

✏️ 배운 한자를 써 보시오.

男 사내 남						
子 아들 자						
食 밥 식						
口 입 구						
便 편할 편						
安 편안할 안						
孝 효도 효						
道 길 도						
家 집 가						
事 일 사						

연습문제

| 공부한날 | 월 | 일 | 점수 |

🧒 다음 한자와 반대 되는 한자를 보기에서 찾아 쓰시오. (1~4)

보기   出   正   天   下   子   水

1. 上 ( )

2. 入 ( )

3. 不 ( )

4. 地 ( )

🧒 다음 한자의 올바른 뜻과 음을 쓰시오. (5~7)

　　　　　　뜻　　　　　　　음

5. 子 — (　　　　), (　　　　)

6. 道 — (　　　　), (　　　　)

7. 安 — (　　　　), (　　　　)

● 다음 뜻에 알맞은 한자를 보기 에서 찾아 쓰시오.(8~11)

| 보기 | 出生　外國　世上　孝道　正門　男女 |

8 어버이를 잘 섬김.　　　　　　　　(　　　　)

9 사람들이 살고 있는 사회.　　　　　(　　　　)

10 어머니의 몸에서 태어남.　　　　　(　　　　)

11 자기 나라가 아닌 다른 나라.　　　(　　　　)

● 다음 한자의 가려진 부분을 쓰시오.(12~15)

12 孝 — 효도 효 (　　　)　　13 也 — 땅 지 (　　　)

14 力 — 사내 남 (　　　)　　15 更 — 편할 편 (　　　)

● 다음 밑줄 친 부분의 뜻에 알맞은 한자를 보기 에서 찾아 쓰시오.(16~20)

| 보기 | 食口　孝女　正道　家事　出口 |

16 심청이는 효성스러운 딸이었습니다.　　　　　　　　(　　　　)

17 어머니께서는 집안일을 하시느라 바쁘십니다.　　　(　　　　)

18 영화가 끝나자 사람들이 나오는 문으로 몰렸습니다.　(　　　　)

19 이번 주말에는 가족들과 놀이 동산에 가기로 하였습니다.　(　　　　)

20 선생님께서는 우리가 올바른 길로 가도록 이끌어 주십니다.　(　　　　)

住

뜻 : 살다 음 : **주**

부수	亻
총획수	7획

글자 의 유래
사람이 주로 머물러 사는 곳을 나타냄.

글자 가 쓰인 예
- 住民(주민) : 어느 지역에 사는 사람들.
- 安住(안주) : 자리를 잡아서 편안히 삶.

한자 써 보기   ノ 亻 亻 亻 乍 住 住

住	住	住			
살 **주**					

所

뜻 : 바 음 : **소**

부수	戶
총획수	8획

글자 의 유래
지게를 지고 도끼로 나무를 자른 곳으로, '장소' 를 나타냄.

글자 가 쓰인 예
- 所重(소중) : 중요한 것.
- 住所(주소) : 살고 있는 곳. 생활의 근거를 둔 곳.

한자 써 보기   ´ ⌐ ㅏ 戶 戶 所 所 所

所	所	所			
바 **소**					

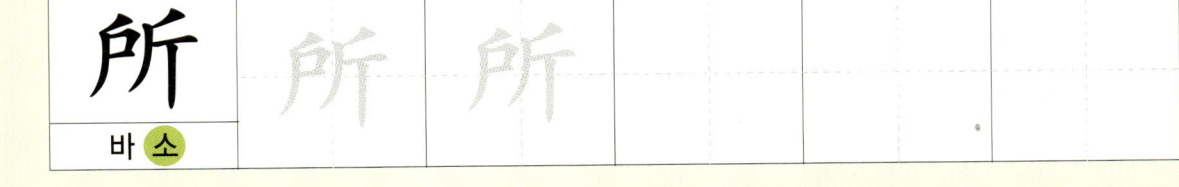

洞

뜻: 골　음: **동**

부수	氵
총획수	9획

글자 의 유 래
물이 흐르는 골짜기에 여러 사람들이 모여 사는 곳을 나타냄.

글자 가 쓰 인 예
- 洞口(동구) : 동네 어귀.
- 洞長(동장) : 마을의 일을 관리하는 사람.

한자 써 보 기　丶　氵　氵　沪　洞　洞　洞　洞

洞	洞	洞			
골 **동**					

里

뜻: 마을　음: **리**

부수	里
총획수	7획

글자 의 유 래
밭과 땅이 있어 사람이 살 수 있는 곳을 나타냄.

글자 가 쓰 인 예
- 洞里(동리) : 마을.
- 里長(이장) : 마을의 모든 일을 맡아 보는 사람.

한자 써 보 기　丨　口　日　日　甲　甲　里

里	里	里			
마을 **리**					

邑

뜻 : 고을　음 : **읍**

부수	邑
총획수	7획

글자의 유래
어떤 경계 안에 사람들이 모여 사는 것을 나타냄.

글자가 쓰인 **예**
- 邑內(읍내) : 마을의 안.
- 都邑(도읍) : 서울. 또는 작은 도시.

한자 써 보기　　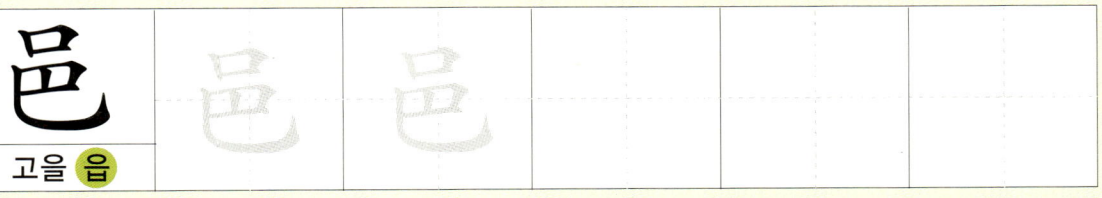

邑	邑	邑			
고을 읍					

面

뜻 : 낯　음 : **면**

부수	面
총획수	9획

글자의 유래
양쪽 뺨이 있는 사람의 얼굴 모양을 나타냄.

글자가 쓰인 **예**
- 地面(지면) : 땅의 표면.
- 表面(표면) : 겉으로 드러난 면.

한자 써 보기　一　厂　丆　丏　而　面　面

面	面	面			
낯 면					

村

뜻 : 마을 음 : **촌**

부수	木
총획수	7획

글자의 유래
나무가 있는 곳에 사람들이 모여 사는 것을 나타냄.

글자가 쓰인 예
- 村落(촌락) : 시골의 마을.
- 村長(촌장) : 한 마을을 대표하는 사람.

한자 써 보기

村	村	村			
마을 촌					

老

뜻 : 늙다 음 : **로(노)**

부수	老
총획수	6획

글자의 유래
허리가 굽은 노인이 지팡이를 짚고 서 있는 모양을 나타냄.

글자가 쓰인 예
- 老人(노인) : 늙은 사람.
- 敬老(경로) : 노인을 공경함.

한자 써 보기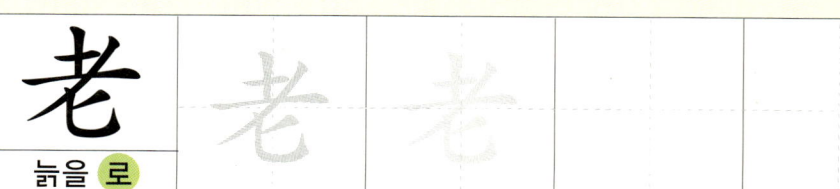

老	老	老			
늙을 로					

千

뜻 : 일천 음 : **천**

부수	十
총획수	3획

글자 의 유래
십을 백 배로 곱한 것을 나타냄.

글자 가 쓰인 예
- 千年(천 년) : 오랜 세월.
- 千金(천금) : 매우 많은 돈.

한자 써 보기 　一 二 千

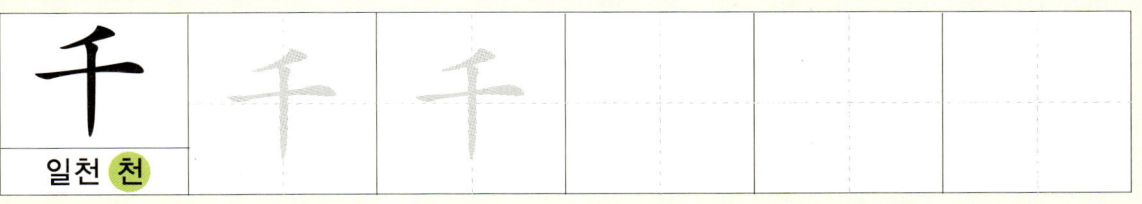

일천 **천**

字

뜻 : 글자 음 : **자**

부수	子
총획수	6획

글자 의 유래
한 집안의 아이들이 기본이듯 글자도 기본적인 부호임을 나타냄.

글자 가 쓰인 예
- 文字(문자) : 글자.
- 千字文(천자문) : 옛날, 한자를 처음 배우는 사람들이 쓰던 책.

한자 써 보기 丶 丷 宀 宁 字 字

글자 **자**

배운 한자를 써 보시오.

住 살 주						
所 바 소						
洞 골 동						
里 마을 리						
邑 고을 읍						
面 낯 면						
村 마을 촌						
老 늙을 로						
千 일천 천						
字 글자 자						

前

뜻 : 앞　음 : **전**

부수	刂
총획수	9획

글자 의 유 래
묶어 놓은 밧줄을 칼로 끊으면 배가 앞으로 나아감을 나타냄.

글자 가 쓰 인 **예**
- 生前(생전) : 살아 있는 동안.
- 目前(목전) : 눈 앞. 지금.

한자 써 보기　丶 丷 㦯 ㅕ 产 方 肯 前 前

前 앞 **전**	前	前			

後

뜻 : 뒤　음 : **후**

부수	彳
총획수	9획

글자 의 유 래
어린 아이가 조금씩 걸어가는 것으로 '뒤, 뒷짐'을 나타냄.

글자 가 쓰 인 **예**
- 後方(후방) : 뒤쪽.
- 前後(전후) : 앞과 뒤.

한자 써 보기　丿 彳 彳 彳 彳 彳 後

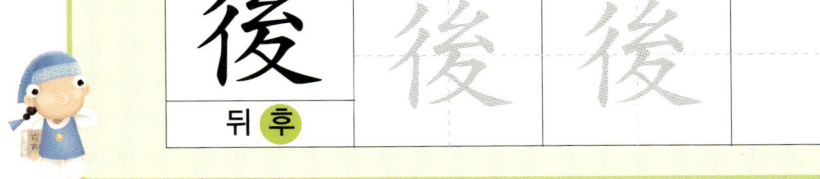

後 뒤 **후**	後	後			

左

뜻 : 왼쪽   음 : **좌**

부수	工
총획수	5획

글자 의 유 래
목수가 왼손에 자를 들고 일하는 모습을 나타냄.

글자 가 쓰인 예
- 左手(좌수) : 왼손.
- 左右(좌우) : 왼쪽과 오른쪽.

한자 써 보기   一 ナ ナ ナ 左

左	左	左			
왼쪽 **좌**					

右

뜻 : 오른쪽   음 : **우**

부수	口
총획수	5획

글자 의 유 래
오른손으로 음식을 먹는 것을 나타냄.

글자 가 쓰인 예
- 右方(우방) : 오른쪽.
- 左之右之(좌지우지) : 제 마음대로 다루거나 휘두름.

한자 써 보기   ノ ナ ナ 右 右

右	右	右			
오른쪽 **우**					

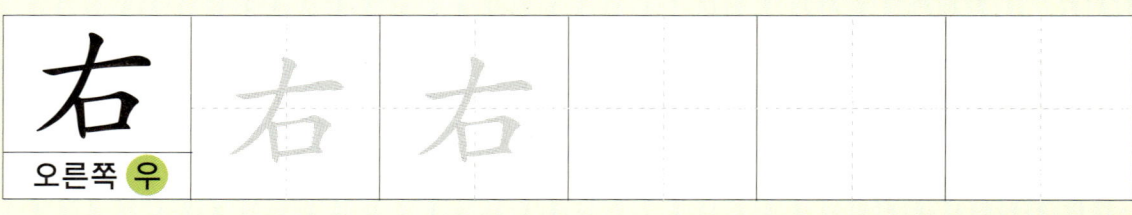

春

뜻 : 봄   음 : 춘

부수	日
총획수	9획

글자의 유래
햇빛을 받아 싹이 돋아나는 모양을 나타냄.

글자가 쓰인 예
- 春秋(춘추) : 봄과 가을. 나이.
- 立春(입춘) : 24절기 중의 하나로, 봄이 오는 무렵.

한자 써 보기 三 𡗗 夫 夫 春 春 春

春 봄 춘	春	春			

夏

뜻 : 여름   음 : 하

부수	夂
총획수	10획

글자의 유래
이마와 코와 발이 더운 것으로 '여름'을 나타냄.

글자가 쓰인 예
- 夏期(하기) : 여름의 시기. 여름철.
- 夏至(하지) : 24절기 중의 하나로, 일 년 중 낮이 가장 긴 날.

한자 써 보기 一 丆 百 百 頁 夏 夏

夏 여름 하	夏	夏			

8·7급 65

秋

뜻 : 가을 음 : **추**

부수	禾
총획수	9획

글자의 유래
햇볕을 받아 잘 익은 곡식을 거둬들이는 가을을 나타냄.

글자가 쓰인 **예**
- 秋風(추풍) : 가을 바람.
- 秋夕(추석) : 우리 나라의 명절로, 음력 8월 보름. 한가위.

한자 써 보기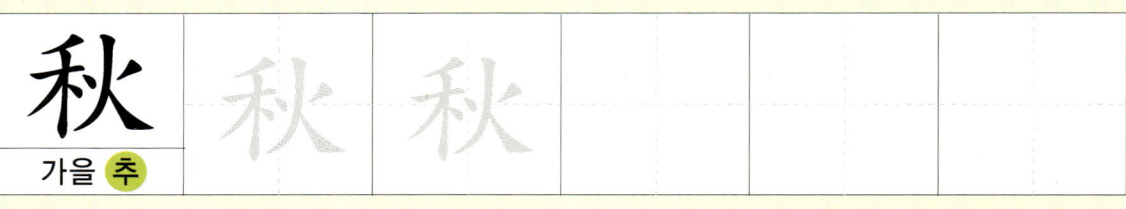

가을 **추**

冬

뜻 : 겨울 음 : **동**

부수	冫
총획수	5획

글자의 유래
발 밑에 얼음이 어는 겨울을 나타냄.

글자가 쓰인 **예**
- 冬服(동복) : 겨울 옷.
- 入冬(입동) : 24절기 중의 하나로 겨울이 오는 무렵.

한자 써 보기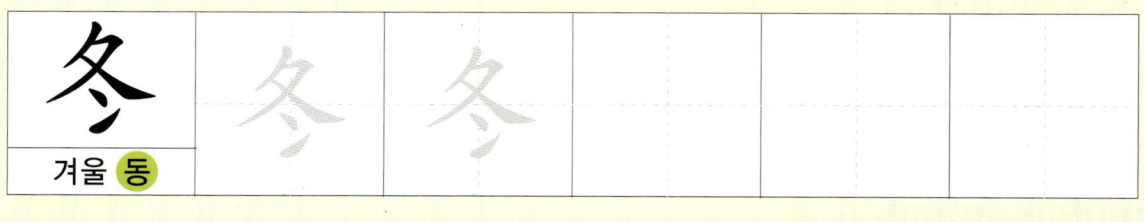

겨울 **동**

時

뜻 : 때   음 : **시**

부수	日
총획수	10획

글자 의 유 래
규칙적으로 해가 움직이는 것으로, '때'를 나타냄.

글자 가 쓰 인 예
- 時間(시간) : 시각과 시각 사이의 동안.
- 時代(시대) : 일정한 기준에 의하여 구분된 기간.

한자 써 보 기   ｜ 日 日ˉ 日⁺ 日ᄃ 日ᄐ 時 時

時	時	時			
때 **시**					

間

뜻 : 사이   음 : **간**

부수	門
총획수	12획

글자 의 유 래
문의 틈으로 달빛이 비치는 모양을 나타냄.

글자 가 쓰 인 예
- 間食(간식) : 밥 외에 먹는 군음식.
- 山間(산간) : 산과 산 사이.

한자 써 보 기   ｜ 冂 冂 冂ˊ 門 門 門 問 間

間	間	間			
사이 **간**					

✏️ **배운 한자를 써 보시오.**

前 앞 전							
後 뒤 후							
左 왼쪽 좌							
右 오른쪽 우							
春 봄 춘							
夏 여름 하							
秋 가을 추							
冬 겨울 동							
時 때 시							
間 사이 간							

연습문제 5회

다음 한자의 뜻과 음을 쓰시오. (1~6)

1 里 —(   )   2 千 —(   )

3 邑 —(   )   4 面 —(   )

5 字 —(   )   6 村 —(   )

다음 그림의 내용에 알맞은 계절을 보기 에서 찾아 한자로 쓰고, 뜻과 음도 쓰시오. (7~10)

보기   秋   冬   春   夏

7
(   )

8
(   )

9
(   )

10
(   )

다음 밑줄 친 부분의 한자를 보기 에서 찾아 쓰시오. (11~14)

| 보기 | 時間 | 食口 | 前後 | 洞口 | 住所 | 左右 |

11 이야기의 전후를 잘 알아보아야 합니다. (　　　　)

12 '시간은 금이다.' 라는 말을 기억합시다. (　　　　)

13 동구밖 과수원길, 아카시아꽃이 활짝 폈네. (　　　　)

14 편지 봉투에 주소를 올바르게 적어야 합니다. (　　　　)

다음 낱말에 알맞은 한자를 쓰시오. (15~17)

15 우리는 노인 [　　　] 을 잘 공경해야 합니다.

16 식사 외에 간식 [　　　] 을 너무 많이 먹는 것은 좋지 않습니다.

17 길을 건널 때는 좌우 [　　　] 를 잘 살피며 건너야 합니다.

다음 한자의 독음을 쓰시오. (18~20)

18 前面 —(　　　　)   19 千金 —(　　　　)

20 邑內 —(　　　　)

江

뜻 : 강   음 : **강**

부수	氵
총획수	6획

글자 의 유래
땅을 뚫고 흐르는 물을 나타냄.

글자 가 쓰인 예
- 江山(강산) : 강과 산. 또는 자연.
- 漢江(한강) : 서울을 가로질러 흐르는 강.

한자 써 보기   丶 丶 氵 氵 汀 江 江

江	江	江			
강 강					

川

뜻 : 내   음 : **천**

부수	巛
총획수	3획

글자 의 유래
언덕 사이로 흐르는 물의 모양을 나타냄.

글자 가 쓰인 예
- 河川(하천) : 시내. 강.
- 山川(산천) : 산과 내. 자연.

한자 써 보기   丿 丿丨 川

川	川	川			
내 천					

花

뜻 : 꽃   음 : **화**

부수	艹
총획수	8획

글자 의 유래
새싹이 돋아 꽃을 피우는 것을 나타냄.

글자 가 쓰인 **예**
- 花草(화초) : 꽃이 피는 풀과 나무.
- 開花(개화) : 꽃이 핌.

한자 써 보기 ' 十 艹 艹 艹 花 花

花	花	花			
꽃 화					

草

뜻 : 풀   음 : **초**

부수	艹
총획수	10획

글자 의 유래
봄에 새싹이 돋아나는 것을 나타냄.

글자 가 쓰인 **예**
- 草木(초목) : 풀과 나무.
- 草原(초원) : 풀이 난 들판. 풀밭.

한자 써 보기 ' 十 艹 艹 艹 芍 苩 苩 草 草

草	草	草			
풀 초					

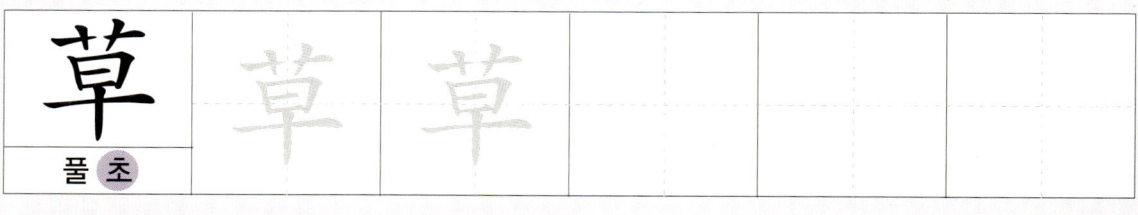

自

뜻 : 스스로　음 : 자

부수	自
총획수	6획

글자의 유래
스스로 자기 코를 가리키며 자기 자신을 나타냄.

글자가 쓰인 예
- 自己(자기) : 그 사람 자신.
- 自由(자유) : 남의 억눌림이나 간섭을 받지 않고 마음대로 함.

한자 써 보기 ′ 亻 冂 丏 自 自

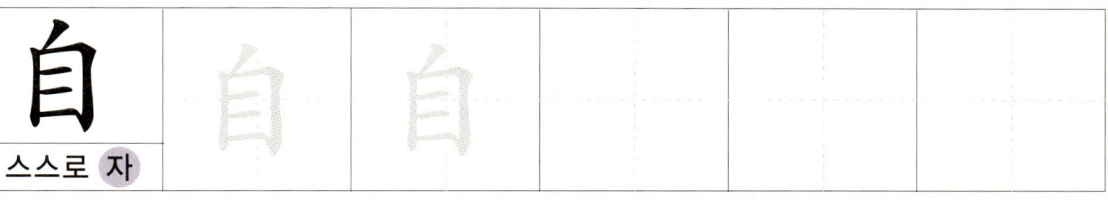

스스로 자

然

뜻 : 그러하다　음 : 연

부수	灬
총획수	12획

글자의 유래
개고기를 불에 그을려 먹는 것을 나타냄.

글자가 쓰인 예
- 果然(과연) : 빈 말이 아니라 정말로.
- 自然(자연) : 사람의 힘을 들이지 않은 원래 그대로의 상태.

한자 써 보기 ′ 勹 夕 夕 夕 外 狄 狄 然 然

그러할 연

8·7급

뜻: 기르다 음: 육

부수	月
총획수	8획

글자의 유래
아기가 어머니의 몸에서 거꾸로 나오는 것을 나타냄.

글자가 쓰인 **예**
- 育兒(육아) : 아이를 기름.
- 敎育(교육) : 지식이나 기술 등을 가르치며 품성을 길러 줌.

한자 써 보기   ㅗ ㅗ ㅗ 产 产 育 育 育

育	育	育			
기를 육					

林

뜻: 수풀 음: 림

부수	木
총획수	8획

글자의 유래
많은 나무의 모습, 즉 '숲'을 나타냄.

글자가 쓰인 **예**
- 育林(육림) : 숲을 가꿈.
- 山林(산림) : 산과 숲. 또는 산에 있는 숲.

한자 써 보기   一 十 才 木 木 村 材 林

林	林	林			
수풀 림					

空

뜻 : 비다　음 : 공

부수	穴
총획수	8획

글자의 유래
속이 비어 있는 구멍을 나타냄.

글자가 쓰인 예
- 空軍(공군) : 하늘을 지키는 군인.
- 空氣(공기) : 지구의 표면을 둘러싸고 있는 무색·투명·무취의 기체.

한자 써 보기　丶 丶 宀 宀 宁 空 空

空					
빌 공					

氣

뜻 : 기운　음 : 기

부수	气
총획수	10획

글자의 유래
밥을 지을 때 생기는 증기가 증발하는 모양을 나타냄.

글자가 쓰인 예
- 氣分(기분) : 마음에 생기는 감정의 상태.
- 氣力(기력) : 일을 맡아 해 나갈 수 있는 정신과 육체의 힘.

한자 써 보기　丿 仁 仨 气 气 気 氣 氣 氣

氣					
기운 기					

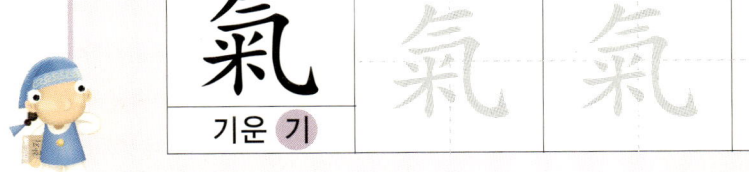

📝 배운 한자를 써 보시오.

江 강 강						
川 내 천						
花 꽃 화						
草 풀 초						
自 스스로 자						
然 그러할 연						
育 기를 육						
林 수풀 림						
空 빌 공						
氣 기운 기						

급수 한자 익힘책

手

뜻 : 손   음 : **수**

부수	手
총획수	4획

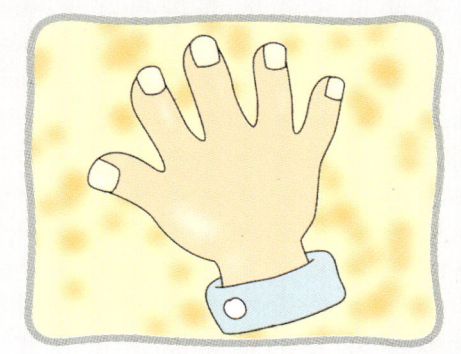

글자의 유래
다섯 손가락을 편 모양을 나타낸 글자.

글자가 쓰인 예
- 手記(수기) : 자기의 체험을 직접 쓴 글.
- 失手(실수) : 잘못을 저지름.

한자 써 보기   一 二 三 手

手	手	手			
손 수					

足

뜻 : 발   음 : **족**

부수	足
총획수	7획

글자의 유래
무릎부터 발끝까지의 모양을 나타낸 글자.

글자가 쓰인 예
- 手足(수족) : 손과 발. 손발처럼 마음대로 부리는 사람.
- 不足(부족) : 어떤 정도에 모자람.

한자 써 보기   丨 口 口 口 𠯮 足 足

足	足	足			
발 족					

直

뜻 : 곧다 음 : **직**
뜻 : 값 음 : **치**

부수	目
총획수	8획

글자의 유래
여러 사람의 눈으로 바르게 본다는 것을 나타냄.

글자가 쓰인 예
- 直線(직선) : 곧은 선.
- 直角(직각) : 수평선과 수직을 이루는 각.

한자 써 보기 一 十 十 冇 古 古 直 直

直	直	直			
곧을 직					

立

뜻 : 서다 음 : **립**

부수	立
총획수	5획

글자의 유래
사람이 땅 위에 발을 벌리고 서 있는 모습을 나타냄.

글자가 쓰인 예
- 立志(입지) : 뜻을 세움.
- 直立(직립) : 꼿꼿이 바로 섬.

한자 써 보기 丶 亠 宁 立

立	立	立			
설 립					

動

뜻 : 움직이다 음 : **동**

부수	力
총획수	11획

글자의 유래
무거운 것에 힘을 가해서 움직임을 나타냄.

글자가 쓰인 **예**
- 動力(동력) : 움직이게 하는 힘.
- 行動(행동) : 몸을 움직임.

한자 써 보기 ᅳ ᅮ 亽 千 百 亘 重 重 動 動

動	動	動			
움직일 **동**					

物

뜻 : 만물 음 : **물**

부수	牛
총획수	8획

글자의 유래
제물로 소를 바치는 것에서 '물건'을 나타냄.

글자가 쓰인 **예**
- 人物(인물) : 어떤 역할을 하는 사람.
- 動物(동물) : 생명이 있어 스스로 움직이는 생물.

한자 써 보기 ᅳ ᅩ 亠 牛 牛 牣 物 物

物	物	物			
만물 **물**					

8 · 7급 | **79**

重

뜻 : 무겁다   음 : 중

부수	里
총획수	9획

글자의 유래
사람이 등에 무거운 짐을 지고 선 것을 나타냄.

글자가 쓰인 예
- 重大(중대) : 매우 중요함.
- 重力(중력) : 지구가 지구 위의 물체를 그 중심으로 끌어당기는 힘.

한자 써 보기 ノ 一 ニ 千 千 亩 审 重 重

重 무거울 중	重	重			

力

뜻 : 힘   음 : 력

부수	力
총획수	2획

글자의 유래
팔에 힘을 주었을 때 생기는 근육의 모습을 나타냄.

글자가 쓰인 예
- 力作(역작) : 힘들여 지음. 또는 힘들여 지은 작품.
- 努力(노력) : 어떤 일을 하기 위하여 힘을 다하여 애를 씀.

한자 써 보기 フ 力

力 힘 력	力	力			

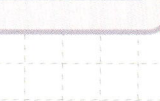

方

뜻 : 모 음 : **방**

부수	方
총획수	4획

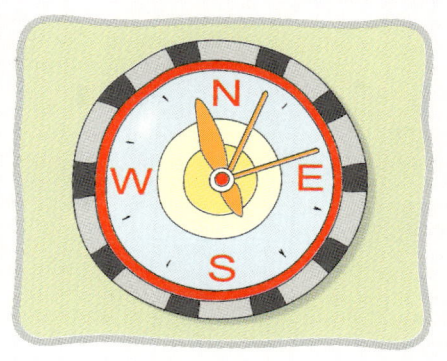

글자의 유래
언덕에 배 두 척을 나란히 묶어 놓은 모양을 나타냄.

글자가 쓰인 예
- 方向(방향) : 향하는 쪽. 방위.
- 方法(방법) : 어떤 목적을 이루기 위한 수단.

한자 써 보기 丶 一 亠 方

方	方	方			
모 방					

命

뜻 : 목숨 음 : **명**

부수	口
총획수	8획

글자의 유래
명령은 목숨을 바쳐 지켜야 한다는 것을 나타냄.

글자가 쓰인 예
- 命令(명령) : 윗사람이 아랫사람에게 내리는 분부.
- 生命(생명) : 목숨.

한자 써 보기 ノ 人 亼 人 合 合 合 命 命

命	命	命			
목숨 명					

배운 한자를 써 보시오.

手 손수						
足 발족						
直 곧을 직						
立 설립						
動 움직일 동						
物 만물 물						
重 무거울 중						
力 힘 력						
方 모 방						
命 목숨 명						

연습문제 6회

공부한날	월	일	점수

다음 한자의 알맞은 독음을 ( ) 안에 쓰시오. (1~4)

1. 그 사람은 그 분야에서 뛰어난 人物(   )입니다.
2. 책을 읽고 生命(   )의 소중함을 깨닫게 되었습니다.
3. 아기는 우유가 不足(   )하여 계속 울고 있었습니다.
4. 우리는 우리의 自然(   )을 소중하게 가꾸어야 합니다.

다음 한자의 뜻과 음을 쓰시오. (5~8)

5. 方 —(   )
6. 直 —(   )
7. 林 —(   )
8. 花 —(   )

다음 ☐ 안에 공통으로 쓰이는 한자를 쓰시오. (9~10)

9. ☐軍 / ☐氣
   - ☐軍 : 하늘을 지키는 군인.
   - ☐氣 : 지구를 둘러싸고 있는 기체.

10. ☐力 / ☐分
    - ☐力 : 일을 맡아 해 나갈 수 있는 정신과 육체의 힘.
    - ☐分 : 마음에 느끼는 감정의 상태.

🧒 다음 뜻과 음에 알맞은 한자를 보기 에서 찾아 쓰시오. (11~14)

| 보기 | 立　自　重　川　草　力　江 |

11 설 립　－(　　　　)　　　**12** 힘 력　－(　　　　)

13 강 강　－(　　　　)　　　**14** 무거울 중 －(　　　　)

🧒 다음 글의 밑줄 친 부분에 알맞은 한자를 보기 에서 찾아 쓰시오. (15~18)

| 보기 | 山川　花草　手足　江山　育林　草木 |

15 정원에 가득한 <u>풀과 나무</u>를 보면 기분이 좋아집니다.
(　　　　)

16 그는 <u>손과 발</u>이 닳도록 자신의 잘못을 빌었습니다.
(　　　　)

17 우리 나라의 <u>산과 내</u>는 가을에 더욱 아름답습니다.
(　　　　)

18 <u>숲을 가꾸는 일</u>은 우리의 자연을 보호할 수 있는 방법입니다.
(　　　　)

🧒 다음 낱말을 보기 에서 찾아 한자로 쓰시오. (19~20)

| 보기 | 動物　地方　直立　重力 |

19 지방 (　　　　)　　　**20** 직립 (　　　　)

84 | 급수 한자 익힘책

工

뜻 : **장인** 음 : **공**

부수	工
총획수	3획

글자 의 유래
목수가 사용하는 자의 모양을 나타낸 글자.

글자 가 쓰인 예
- 工夫(공부) : 학문이나 지식을 배움.
- 木工(목공) : 나무를 다루어서 물건을 만드는 일.

한자 써 보기 ー 丆 工

工	工	工			
장인 **공**					

場

뜻 : **마당** 음 : **장**

부수	土
총획수	12획

글자 의 유래
햇볕이 잘 드는 땅, 마당을 나타냄.

글자 가 쓰인 예
- 市場(시장) : 사람들이 모여 물건을 사거나 파는 곳.
- 工場(공장) : 사람들이 기계를 써서 물건을 만들거나 손질하는 곳.

한자 써 보기 十 土 圫 圫 坦 塄 場 場

場	場	場			
마당 **장**					

電

뜻 : 번개 음 : **전**

부수	雨
총획수	13획

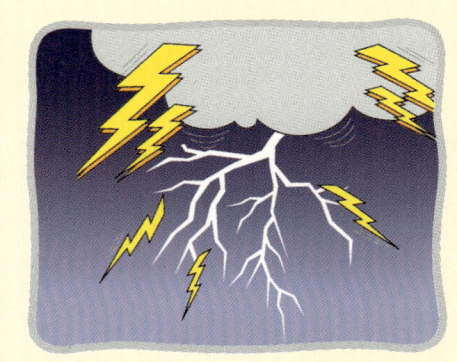

글자의 유래
비가 올 때 번쩍이며 빛나는 번개를 나타냄.

글자가 쓰인 예
- 電力(전력) : 전기가 일으키는 힘.
- 節電(절전) : 전기를 아낌.

한자 써 보기 一 一 币 币 雨 雨 雪 雪 雪 雷 雷 電

電	電	電				
번개 **전**						

話

뜻 : 말하다 음 : **화**

부수	言
총획수	13획

글자의 유래
혀를 움직여 말을 한다는 것을 나타냄.

글자가 쓰인 예
- 對話(대화) : 서로 이야기를 나눔.
- 電話(전화) : 전화기를 이용하여 말을 주고받음. 또는 말을 주고받는 기계.

한자 써 보기 ` 亠 言 言 言 言 許 話 話

話	話	話				
말할 **화**						

農

뜻 : 농사 음 : **농**

부수	辰
총획수	13획

글자의 유래
밭에서 별을 보며 일하는 것을 나타냄.

글자가 쓰인 예
- 農夫(농부) : 농사를 짓는 사람.
- 農村(농촌) : 마을 사람들 대부분이 농사를 짓는 지역.

한자 써 보기 冂 曲 曲 曲 曲 严 芦 芦 芦 農 農 農

農					
농사 **농**					

夫

뜻 : 지아비 음 : **부**

부수	大
총획수	4획

글자의 유래
혼인을 한 성인 남자. 곧 '지아비'를 나타냄.

글자가 쓰인 예
- 夫婦(부부) : 남편과 아내.
- 漁夫(어부) : 고기 잡는 것을 직업으로 가진 사람.

한자 써 보기 一 二 丰 夫

夫					
지아비 **부**					

休

뜻 : 쉬다 음 : 휴

부수	亻
총획수	6획

글자의 유래
나무 그늘에서 쉬는 사람의 모습을 나타냄.

글자가 쓰인 예
- 休日(휴일) : 일을 하지 않고 쉬는 날.
- 連休(연휴) : 휴일이 연달아 있는 것.

한자 써 보기
丿 亻 亻 什 伃 休

休	休	休			
쉴 휴					

紙

뜻 : 종이 음 : 지

부수	糸
총획수	10획

글자의 유래
섬유질을 평평하게 눌러 만들어진 종이를 나타냄.

글자가 쓰인 예
- 休紙(휴지) : 못 쓰게 된 종이.
- 用紙(용지) : 어떤 용도로 쓰이는 종이.

한자 써 보기
幺 幺 幺 糸 糸 糸 紅 紅 紙 紙

紙	紙	紙			
종이 지					

世

뜻 : 대 음 : 세

부수	一
총획수	5획

글자의 유래
열 십을 세 번 합해 30이 되는 것으로, '세대'를 나타냄.

글자가 쓰인 예
- 世人(세인) : 세상 사람.
- 世界(세계) : 지구에 있는 모든 나라.

한자 써 보기 一 十 卅 丗 世

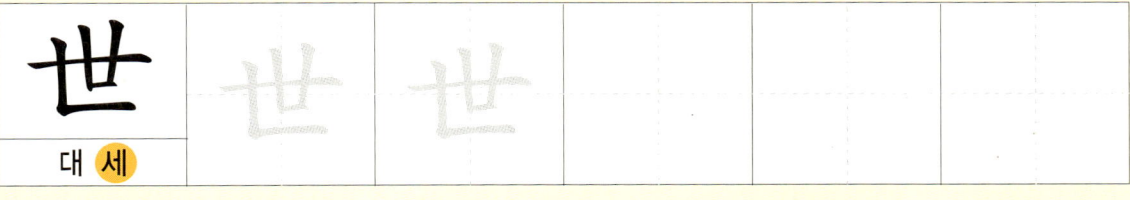

대 세

平

뜻 : 평평하다 음 : 평

부수	干
총획수	5획

글자의 유래
싹이 돋아 땅 위에서 평평하게 깔리는 모습을 나타냄.

글자가 쓰인 예
- 平凡(평범) : 뛰어난 점이 없이 보통임.
- 公平(공평) : 한쪽에 치우침이 없이 공정함.

한자 써 보기 一 ㄕ ㄔ 亚 平

평평할 평

배운 한자를 써 보시오.

工 장인 공	工	工				
場 마당 장	場	場				
電 번개 전	電	電				
話 말할 화	話	話				
農 농사 농	農	農				
夫 지아비 부	夫	夫				
休 쉴 휴	休	休				
紙 종이 지	紙	紙				
世 대 세	世	世				
平 평평할 평	平	平				

 뜻 : 온전하다 음 : **전**

부수	入
총획수	6획

글자의 유래
옥을 다듬어 완전하게 됨을 나타냄.

글자가 쓰인 예
- 全力(전력) : 모든 힘.
- 全部(전부) : 사물의 모두.

한자 써 보기   ノ 入 people 仝 仐 全

全 온전할 **전**	全	全			

 뜻 : 마음 음 : **심**

부수	心
총획수	4획

글자의 유래
사람의 심장 모양을 본떠 나타냄.

글자가 쓰인 예
- 心身(심신) : 마음과 몸.
- 全心(전심) : 마음을 오로지 한 곳에만 씀.

한자 써 보기   ノ 心 心 心

心 마음 **심**	心	心			

問

뜻: 묻다　음: **문**

부수	口
총획수	11획

글자 의 유래
문 앞에서 입을 열어 묻는 것을 나타냄.

글자 가 쓰인 예
- 問題(문제) : 답을 얻기 위한 물음.
- 反問(반문) : 물음에 답하지 않고 오히려 되물음.

한자 써 보기　丨　冂　冂　門　門　問　問

問	問	問			
물을 **문**					

答

뜻: 대답하다　음: **답**

부수	竹
총획수	12획

글자 의 유래
대나무에 써 온 글에 답하는 것을 나타냄.

글자 가 쓰인 예
- 正答(정답) : 옳은 답.
- 問答(문답) : 묻고 대답함.

한자 써 보기　⺮　⺮　⺮　竺　笒　答　答

答	答	答			
대답할 **답**					

記

뜻: 기록하다 음: 기

부수	言
총획수	10획

글자의 유래
자기의 필요에 의해서 말을 글로 쓰는 것을 나타냄.

글자가 쓰인 예
- 記者(기자) : 신문, 잡지 등의 기사를 쓰는 사람.
- 日記(일기) : 그 날 있었던 일을 기록한 것.

한자 써 보기 ` ` ` ` 言 言 訂 訂 記

記 기록할 기	記	記			

語

뜻: 말씀 음: 어

부수	言
총획수	14획

글자의 유래
서로 자기의 의견을 말하는 것을 나타냄.

글자가 쓰인 예
- 言語(언어) : 말.
- 國語(국어) : 자기 나라의 말. 우리 나라의 말.

한자 써 보기 ` ` ` ` 言 言 訂 訝 語 語 語 語

語 말씀 어	語	語			

漢

뜻 : 한수 음 : **한**

부수	氵
총획수	14획

글자의 유래
진흙이 많은 강가에 있는 한나라를 나타냄.

글자가 쓰인 예
- 漢字(한자) : 중국의 글자.
- 漢文(한문) : 한자로 쓴 글.

한자 써 보기
丶 丶 氵 氵 汁 汁 汁 浐 浐 渲 萱 漢 漢

漢	漢	漢			
한수 **한**					

文

뜻 : 글월 음 : **문**

부수	文
총획수	4획

글자의 유래
사람의 몸에 그려진 문신을 나타냄.

글자가 쓰인 예
- 文化(문화) : 사람의 지혜가 깨어 살기 좋아짐.
- 文物(문물) : 학문·예술·법률 등 문화에 관한 것을 통틀어 이르는 말.

한자 써 보기
丶 一 ナ 文

文	文	文			
글월 **문**					

算

뜻 : 셈하다　음 : **산**

부수	竹
총획수	14획

글자의 유래
주판을 손에 쥐고 계산하는 것을 나타냄.

글자가 쓰인 예
- 算數(산수) : 초보적인 계산이나 도형 등을 가르치는 과목.
- 暗算(암산) : 머리 속으로 계산함.

한자 써 보기　′ ⺮ ⺮ ⺮ ⺮ ⺮ ⺮ ⺮ 筲 筲 笪 筧 算 算

算	算	算				
셈할 **산**						

數

뜻 : 세다　음 : **수**

부수	攵
총획수	15획

글자의 유래
여러 번 두드려 그 수를 헤아려 세는 것을 나타냄.

글자가 쓰인 예
- 數學(수학) : 수량 · 도형 등에 대해 연구하는 학문.
- 字數(자수) : 글자의 개수.

한자 써 보기　⎔ ⎔ ⎔ 晑 晑 曲 婁 婁 婁 數 數 數

數	數	數				
셀 **수**						

배운 한자를 써 보시오.

全 온전할 전						
心 마음 심						
問 물을 문						
答 대답할 답						
記 기록할 기						
語 말씀 어						
漢 한수 한						
文 글월 문						
算 셈할 산						
數 셀 수						

연습문제 7회

공부한날   월   일   점수

다음 뜻과 음에 알맞은 한자를 보기 에서 찾아 쓰시오. (1~4)

보기   世   場   話   語   紙   心

1 종이 지 (   )   2 대 세 (   )
3 마당 장 (   )   4 말할 화 (   )

다음 글의 밑줄 친 부분에 공통으로 쓰이는 한자를 보기 에서 찾아 쓰시오. (5~8)

보기   休   農   心   工   夫   全

5 ┌ 열심히 <u>공</u>부하여 나의 꿈을 이룰 것입니다.
  └ 그 목<u>공</u>은 항상 정성을 다하여 물건을 만듭니다.

6 ┌ 그 상점은 <u>휴</u>일에는 문을 열지 않습니다.
  └ 교실에 <u>휴</u>지를 함부로 버리는 것은 잘못된 행동입니다.

7 ┌ 추수를 하며 <u>농</u>부는 깊은 감사의 기도를 올렸습니다.
  └ 올해 큰 장마로 <u>농</u>촌이 상당히 어려운 처지라고 합니다.

8 ┌ 흥부는 전<u>심</u>을 다하여 놀부를 도와 주었습니다.
  └ 방학 동안 열심히 운동하고 공부하며 <u>심</u>신을 단련하였습니다.

다음 □ 안에 공통으로 쓰이는 알맞은 한자를 보기 에서 찾아 쓰시오. (9~12)

보기   數   答   記   文

9 ┌ 算□ : 초보적인 계산이나 도형 등을 가르치는 과목.
  └ □學 : 수량, 도형 등에 대해 연구하는 학문.

10 ┌ 漢□ : 한자로 쓴 글.
   └ □字 : 글자.

11 ┌ 日□ : 그 날 있었던 일을 기록한 것.
   └ □事 : 신문, 잡지 등에 기록된 사실.

12 ┌ 問□ : 묻고 답함.
   └ □紙 : 답을 적은 종이.

13 밑줄 친 부분에 알맞은 한자를 보기 에서 찾아 쓰시오.

보기   夫   父   不

(1) 어버이날 <u>부</u>모님께 꽃을 꽂아 드렸습니다.   (   )

(2) 농<u>부</u>는 들에 나가 열심히 곡식을 가꾸었습니다.   (   )

(3) 홍수가 크게 나서 곡식이 <u>부</u>족하게 되었습니다.   (   )

다음 뜻과 음에 알맞은 한자를 찾아 ○ 표 하시오. (14~16)

14 물을 문 — 門 問 間

15 쉴 휴 — 休 林 木

16 말씀 어 — 語 話 記

다음 한자의 독음을 쓰시오. (17~20)

17 全心全力 (   )

18 電話 (   )

19 平日 (   )

20 漢江 (   )

少

뜻 : 적다, 젊다
음 : **소**

부수	小
총획수	4획

글자의 유래
싹이 땅에서 막 돋아난 모습으로, 아주 어리고 '적음'을 나타냄.

글자가 쓰인 예
- 少年(소년) : 아직 어른이 되지 않은 남자 아이.
- 多少(다소) : 많고 적음.

한자 써 보기 亅 小 小 少

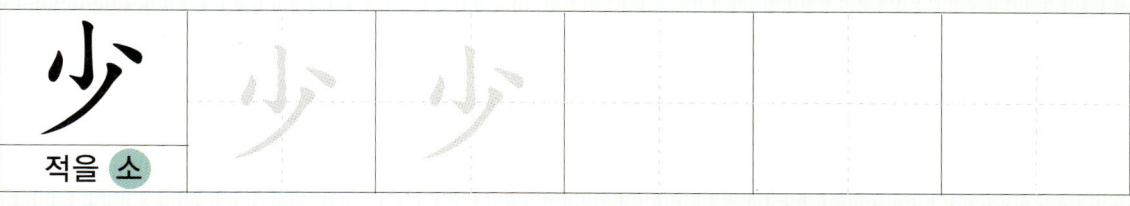

적을 **소**

祖

뜻 : 할아버지, 조상
음 : **조**

부수	示
총획수	10획

글자의 유래
제단에 위패를 놓고 제사를 지내는 것에서 '조상', '할아버지'를 나타냄.

글자가 쓰인 예
- 祖上(조상) : 같은 혈통으로 된 할아버지 이상의 윗대의 어른.
- 祖父(조부) : 할아버지.

한자 써 보기 一 二 亍 示 示 礻 礻 衤 祖 祖

할아버지 **조**

姓

뜻 : 성 음 : **성**

부수	女
총획수	8획

글자의 유래
여자가 아이를 낳아 성씨를 부여받는다는 것에서 '성'을 나타냄.

글자가 쓰인 예
- 姓名(성명) : 성과 이름.
- 姓氏(성씨) : 성의 높임말.

한자 써 보기 ㄑ ㄅ ㄓ 女 女⁻ 妌 姓 姓

姓 성 성	姓	姓			

名

뜻 : 이름 음 : **명**

부수	口
총획수	6획

글자의 유래
얼굴을 분간할 수 없는 밤에는 이름을 불러야 한다는 데서 '이름'을 나타냄.

글자가 쓰인 예
- 名所(명소) : 아름다운 경치나 사적 따위로 널리 이름난 장소.
- 有名(유명) : 세상에 이름이 널리 알려져 있음.

한자 써 보기 ノ ク ㄅ 夕 名 名

名 이름 명	名	名			

午

뜻: 낮 음: 오

부수	十
총획수	4획

글자의 유래
위아래로 절구질하는 모양을 본뜬 글자로, 오전과 오후가 바뀌는 '한낮'을 나타냄.

글자가 쓰인 예
- 午前(오전) : 밤 12시부터 낮 12시까지의 사이.
- 正午(정오) : 낮 12시 정각.

한자 써 보기 ノ ㅅ ㅗ 午

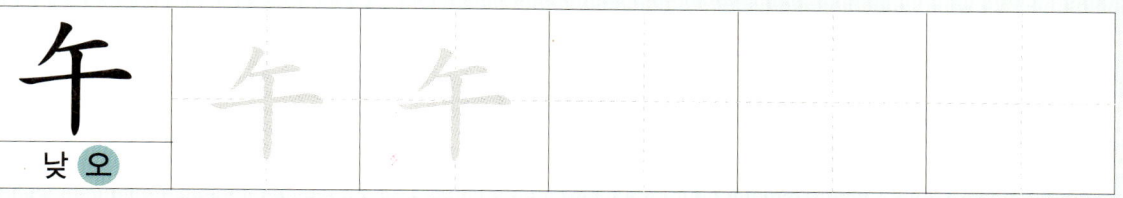

夕

뜻: 저녁 음: 석

부수	夕
총획수	3획

글자의 유래
달의 모양을 본떠, 아직 완전한 달이 뜨지 않은 이른 '저녁'을 나타냄.

글자가 쓰인 예
- 夕陽(석양) : 저녁 해 또는 해질 무렵.
- 秋夕(추석) : 음력 8월 15일. 우리 나라의 민속 명절인 한가위를 말함.

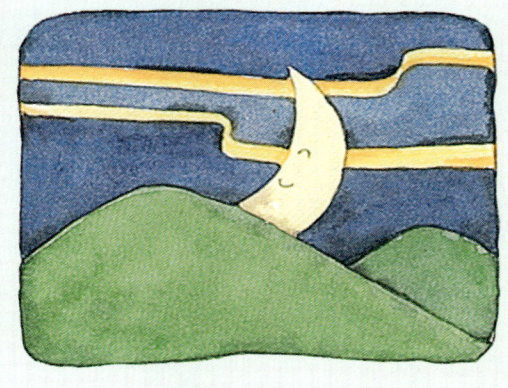

한자 써 보기 ノ ク 夕

 뜻 : 한가지 음 : **동**

부수	口
총획수	6획

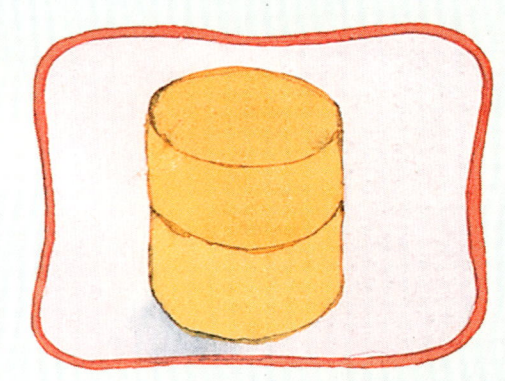

글자의 유래
몸체와 뚜껑이 잘 맞는 통은 똑같다는 데서 '한 가지'를 나타냄.

글자가 쓰인 예
- 同生(동생) : 같은 부모에게서 태어난 자기보다 나이가 적은 남자나 여자.
- 同等(동등) : 같음. 같은 등급.

한자 써 보기 　丨 冂 冂 冋 同 同

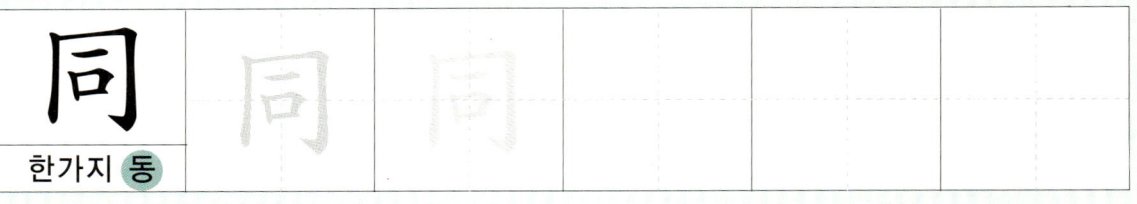

 뜻 : 빛깔 음 : **색**

부수	色
총획수	6획

글자의 유래
사람의 마음이 얼굴색으로 표현되는 것에서 '빛깔'을 나타냄.

글자가 쓰인 예
- 白色(백색) : 흰빛.
- 色紙(색지) : 색종이 또는 색 도화지.

한자 써 보기 　ノ ク 夕 夕 刍 色

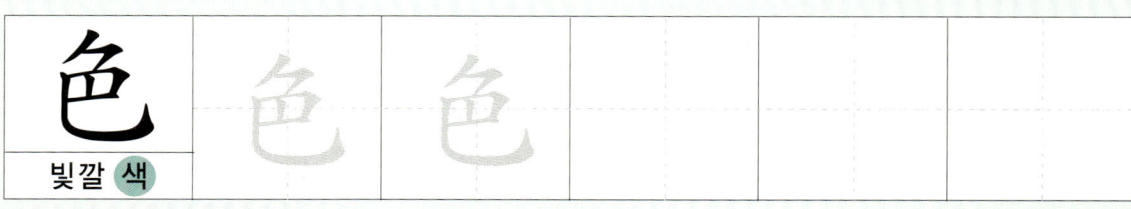

뜻 : 오르다　음 : 등

부수	癶
총획수	12획

글자 의 유 래
제사를 지내기 위해 제단에 오른다는 것에서 '오르다'를 나타냄.

글자 가 쓰인 예
- 登山(등산) : 산에 오름.
- 登校(등교) : 학교에 감.

한자 써 보기　丆 乁 ㇇ ㇇ 癶 癶 癶 癶 癶 癶 登 登

登	登	登			
오를 등					

뜻 : 시장　음 : 시

부수	巾
총획수	5획

글자 의 유 래
필요한 옷감을 사기 위해 가야만 하는 곳, 즉 '시장'을 나타냄.

글자 가 쓰인 예
- 市場(시장) : 여러 가지 상품을 팔고 사는 장소.
- 都市(도시) : 여러 가지 편리함으로 사람들이 많이 모여 사는 곳.

한자 써 보기　丶 亠 亢 市 市

市	市	市			
시장 시					

배운 한자를 써 보시오.

少 적을 소							
祖 할아버지 조							
姓 성 성							
名 이름 명							
午 낮 오							
夕 저녁 석							
同 한가지 동							
色 빛깔 색							
登 오를 등							
市 시장 시							

車

뜻 : 수레 음 : **차(거)**

부수	車
총획수	7획

글자 의 유래
수레의 모양을 본뜬 글자로 '수레'를 나타냄.

글자 가 쓰인 **예**
- 車道(차도) : 차가 다니는 길.
- 下車(하차) : 차에서 내림.

한자 써 보기   一 ㄷ ㅁ ㅁ 白 亘 車

車	車	車			
수레 **차**					

主

뜻 : 주인 음 : **주**

부수	丶
총획수	5획

글자 의 유래
등잔불의 심지가 불타는 모습으로, 등잔불은 가정의 한가운데 중심이 된다는 데서 '주인'을 나타냄.

글자 가 쓰인 **예**
- 主人(주인) : 한 집안을 꾸려 나가는 주된 사람. 물건의 임자.
- 主動(주동) : 어떤 일에 주장이 되어 행동함.

한자 써 보기   丶 亠 亍 丯 主

主	主	主			
주인 **주**					

每

뜻 : 매양 음 : **매**

부수	毋
총획수	7획

글자의 유래
비녀를 꽂은 어머니의 모습으로, 자식에게 어머니는 매양 좋다는 데서 '매양'을 나타냄.

글자가 쓰인 예
- 每年(매년) : 해마다.
- 每事(매사) : 모든 일.

한자 써 보기 ノ 一 ヒ 仁 与 每 每 每

每 매양 매	每	每			

有

뜻 : 있다 음 : **유**

부수	月
총획수	6획

글자의 유래
손에 고기가 들려 있는 모습으로 '있다', '가지다'를 나타냄.

글자가 쓰인 예
- 有用(유용) : 쓸모가 있음.
- 有名(유명) : 널리 이름이 알려짐.

한자 써 보기 ノ ナ 才 冇 有 有

有 있을 유	有	有			

植

뜻 : 심다 음 : **식**

부수	木
총획수	12획

글자 의 유래
나무를 곧고 바르게 땅에 심어 가꾼다는 데서 '심다'를 나타냄.

글자 가 쓰인 예
- 植木日(식목일) : 4월 5일로, 나무를 심고 가꾸는 날.
- 植物(식물) : 뿌리, 줄기, 잎을 가지고 땅으로부터 영양소를 섭취하며 살아가는 생물.

한자 써 보기 一 十 才 木 木 朴 柞 柿 枯 枯 植 植

植	植	植			
심을 식					

來

뜻 : 오다 음 : **래**

부수	人
총획수	8획

글자 의 유래
보리 이삭을 본뜬 글자로, 보리는 하늘에서 내린 것이라 하여 '오다'를 나타냄.

글자 가 쓰인 예
- 來日(내일) : 오늘의 바로 다음 날.
- 近來(근래) : 요즈음.

한자 써 보기 一 ア ズ 자 자 쟈 來 來

來	來	來			
올 래					

歌

뜻 : 노래 음 : **가**

부수	欠
총획수	14획

글자 의 유 래
하품할 때처럼 입을 크게 벌린다는 데서 '노래'를 나타냄.

글자 가 쓰 인 예
- 歌手(가수) : 노래를 부르는 것을 직업으로 하는 사람.
- 校歌(교가) : 학교를 상징하는 노래.

한자 써 보기   一 厂 冂 冋 可 叿 叿 哥 哥 哥 哥 哥 歌 歌 歌

歌					
노래 가					

旗

뜻 : 깃발 음 : **기**

부수	方
총획수	14획

글자 의 유 래
바람에 휘날리는 깃발을 본떠 '깃발'을 나타냄.

글자 가 쓰 인 예
- 國旗(국기) : 나라를 상징하는 깃발.
- 旗手(기수) : 깃발을 든 사람.

한자 써 보기   ` 亠 亍 方 方 扩 扩 扩 斿 斿 斿 旌 旗 旗

旗					
깃발 기					

海

뜻: 바다 음: **해**

부수	氵
총획수	10획

글자의 유래
여러 갈래의 물이 모였음을 나타내어, '바다'를 뜻함.

글자가 쓰인 **예**
- 海軍(해군) : 바다에서 싸우는 군대.
- 海女(해녀) : 바다 속에서 일하는 여자 잠수부.

한자 써 보기　 丶　 冫　 氵　 氵　 汇　 汒　 海　 海　 海　 海

海	海	海			
바다 **해**					

活

뜻: 살다 음: **활**

부수	氵
총획수	9획

글자의 유래
물을 혀로 넘겨 산다는 것을 나타냄.

글자가 쓰인 **예**
- 活氣(활기) : 활동적인 원기.
- 活力(활력) : 살아 움직이는 힘. 또는 생활하는 힘.

한자 써 보기　 丶　 冫　 氵　 氵　 汗　 活　 活

活	活	活			
살 **활**					

배운 한자를 써 보시오.

車 수레 차(거)							
主 주인 주							
每 매양 매							
有 있을 유							
植 심을 식							
來 올 래							
歌 노래 가							
旗 깃발 기							
海 바다 해							
活 살 활							

연습문제 8회

다음 한자에 맞는 뜻과 음을 서로 연결하시오. (1~4)

1. 登 ○   ○ ㉠ 매양 매

2. 市 ○   ○ ㉡ 주인 주

3. 每 ○   ○ ㉢ 시장 시

4. 主 ○   ○ ㉣ 오를 등

다음 뜻과 음에 알맞은 한자를 보기 에서 찾아 쓰시오. (5~8)

| 보기 | 有 | 色 | 車 | 午 | 歌 | 夕 |

5 노래 가 − (   )   6 있을 유 − (   )

7 낮 오 − (   )   8 빛깔 색 − (   )

다음 뜻과 음에 알맞은 한자를 오른쪽에서 찾아 ○표 하시오. (9~11)

9 한가지 동   ○ ○ ○ ○ ○   東 同 冬

10 올 래   ○ ○ ○ ○ ○   來 米 本

11 바다 해   ○ ○ ○ ○ ○   每 母 海

● 다음 밑줄 친 낱말의 뜻을 가진 한자를 보기 에서 골라 ( ) 안에 그 기호를 쓰시오. (12~15)

보기   ㉠旗   ㉡洋   ㉢少   ㉣市   ㉤植   ㉥登

12 깃발을 손에 들고 선수들이 경기장으로 입장합니다. (   )

13 오늘은 아침 일찍부터 나무를 심었습니다. (   )

14 많고 적음은 직접 비교해 보아야 압니다. (   )

15 엄마와 함께 시장에 가서 과일을 샀습니다. (   )

● 다음 모양을 본뜬 한자를 쓰시오. (16~17)

16 수레 모양을 본뜸.

17 달의 모양을 본떠 이른 저녁을 나타냄.

● 다음 한자의 알맞은 독음을 ( ) 안에 쓰시오. (18~20)

18 추석날 아침 祖上(   )님께 차례를 지냅니다.

19 시험지에는 반드시 姓名(   )을 적습니다.

20 登校(   )길에 진우를 만났습니다.

급수 한자 익힘책

8·7급 대비 쓰기 연습장

8과 쓰기 연습장

一 한 일 一

■ 나는 초등 학교 一學年(일 학년) 학생입니다.

二 두 이 一 二

■ 우리 집은 二層(이 층)입니다.

三 석 삼 一 二 三

■ 삼각자는 三角形(삼각형)입니다.

四 넉 사 丨 冂 匹 四 四

■ 큰길의 四(사)거리는 복잡합니다.

■ 五月(오 월) 五日(오 일)은 어린이날입니다.

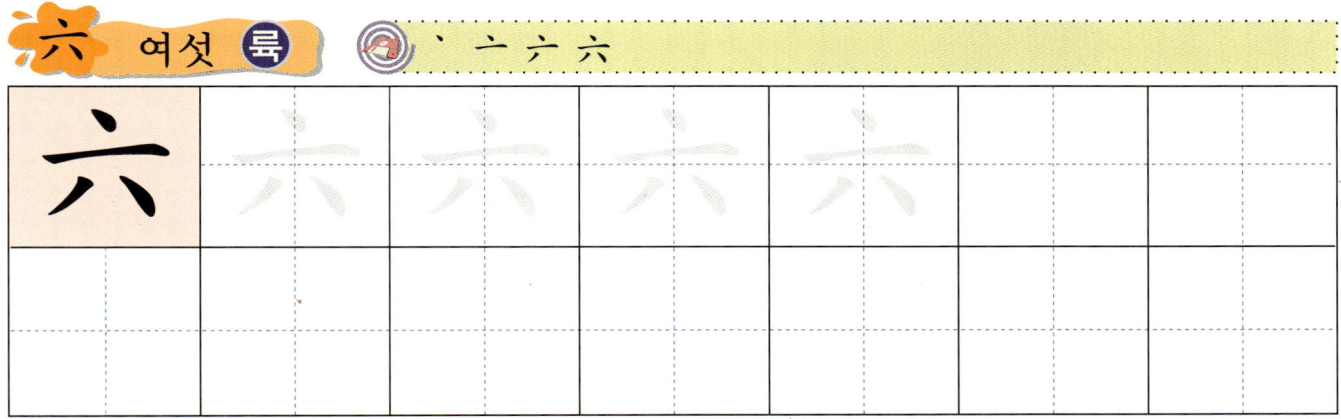

■ 할머니께서는 올해 六十(육십) 세가 되십니다.

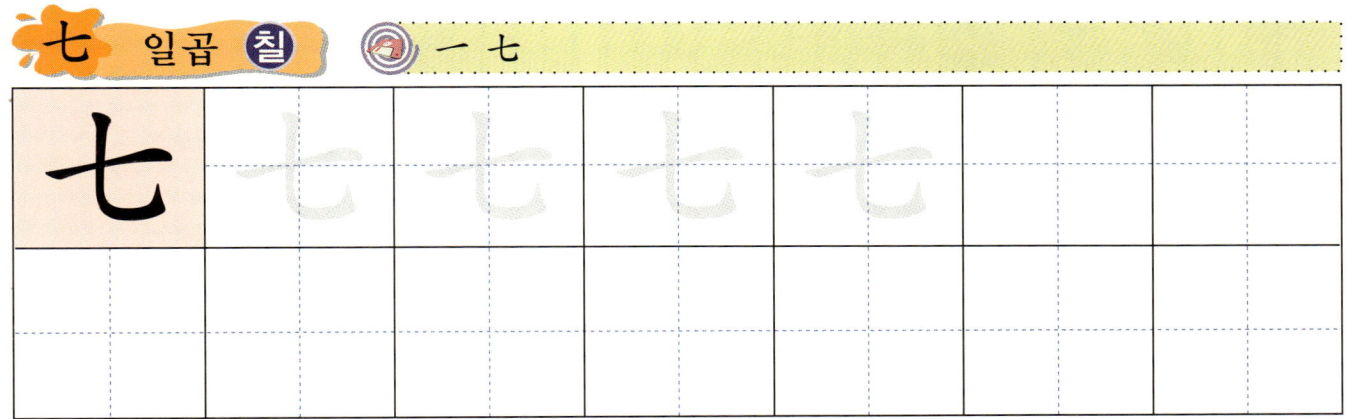

■ 七月(칠 월) 七夕(칠석)은 견우와 직녀가 만나는 날입니다.

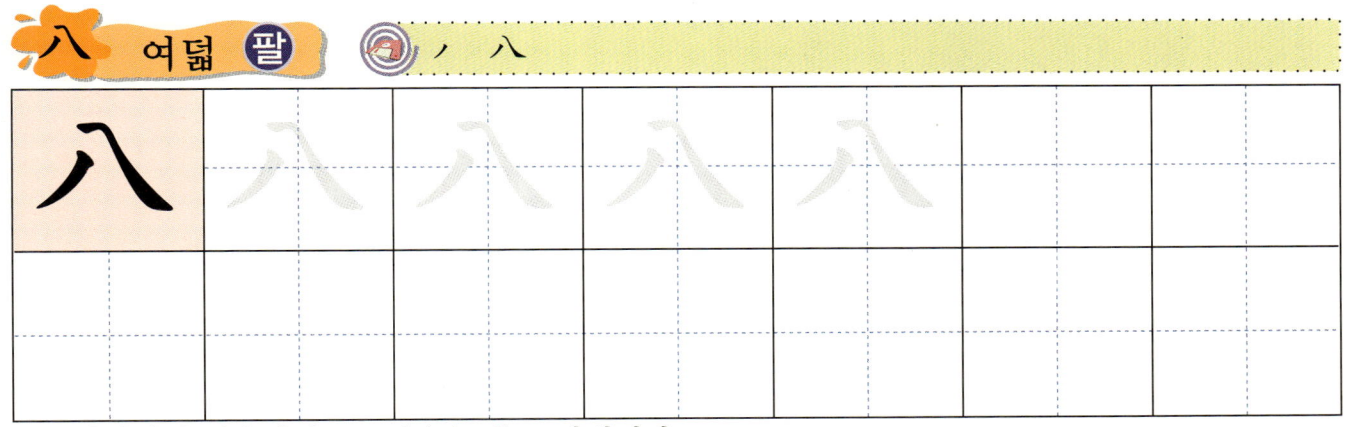

■ 할아버지의 걸음걸이는 八字(팔 자) 모양입니다.

■ 지민이는 一九九六(1996)년에 태어났습니다.

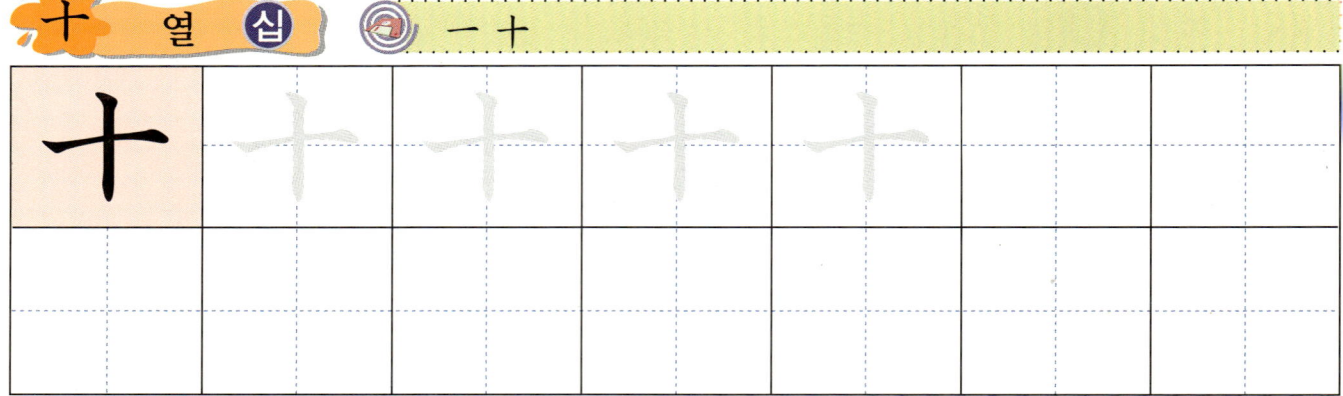

■ 十二月(십이 월)은 한 해의 마지막 달입니다.

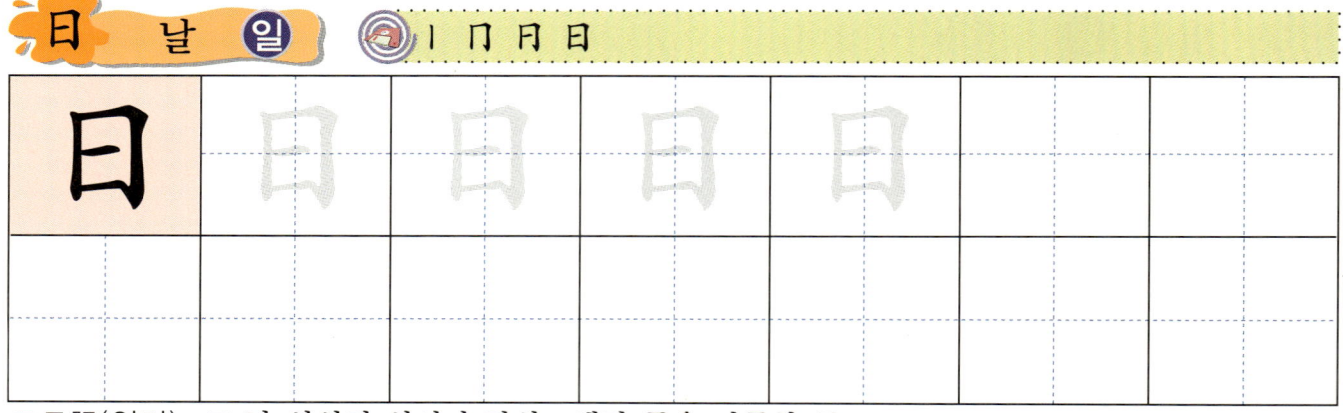

■ 日記(일기): 그 날 있었던 일이나 감상·생각 등을 기록한 글.

■ 日月(일월): 해와 달.

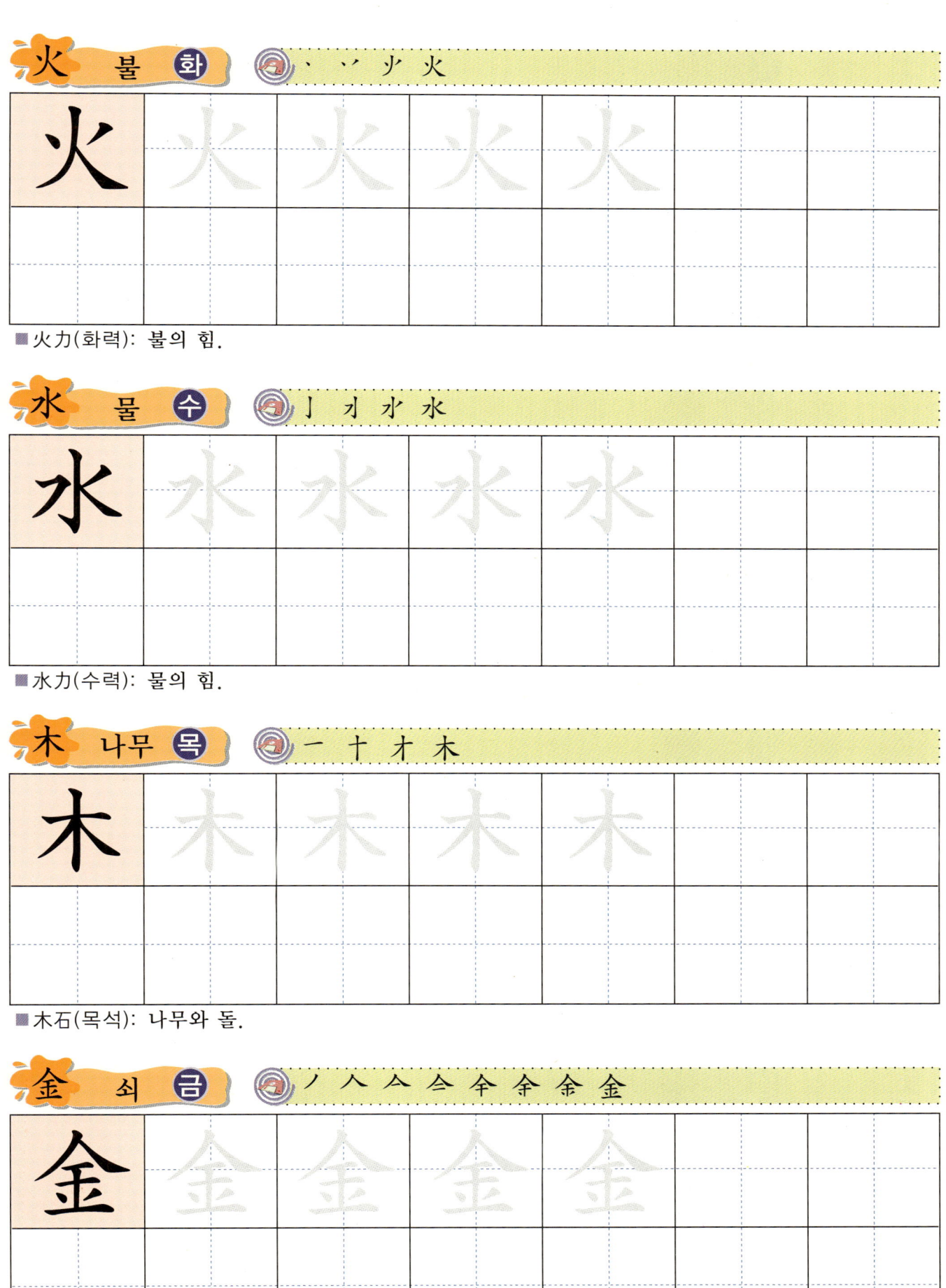

■ 火力(화력): 불의 힘.

■ 水力(수력): 물의 힘.

■ 木石(목석): 나무와 돌.

■ 金言(금언): 생활에 도움이 되는 뜻있는 말.

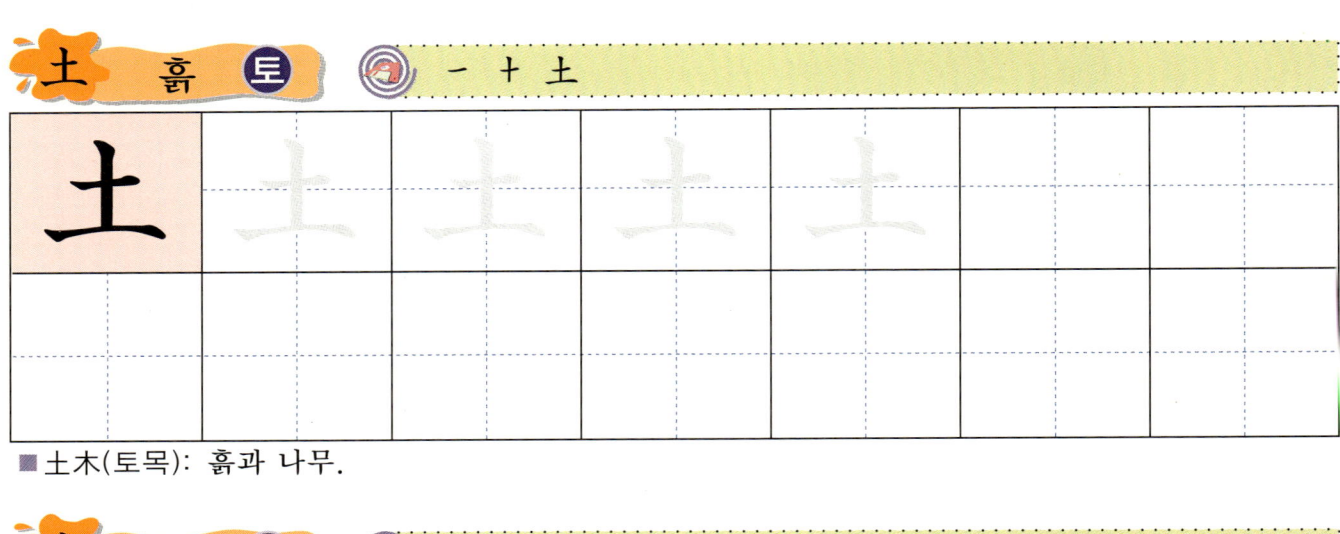

■ 土木(토목): 흙과 나무.

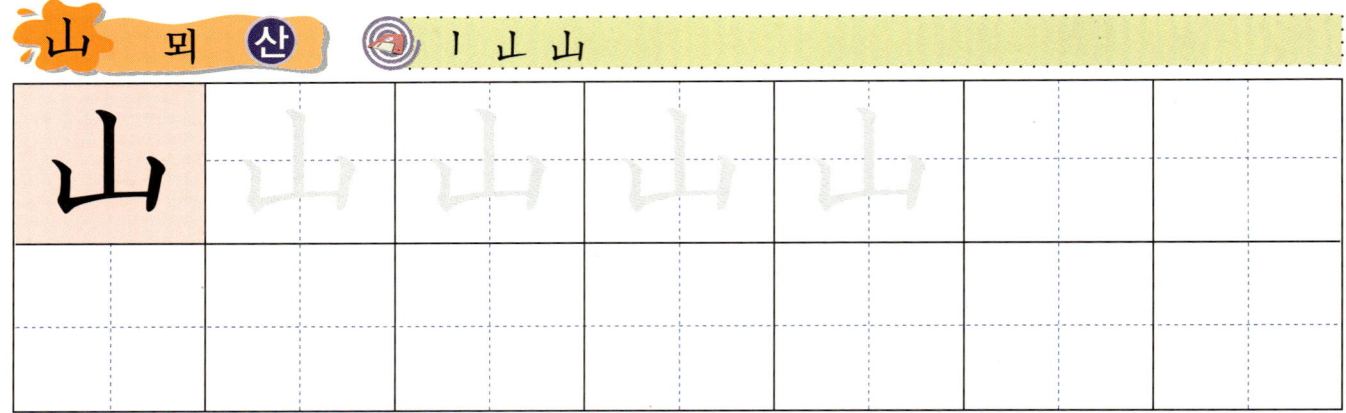

■ 山林(산림): 산과 숲. 산에 있는 숲.

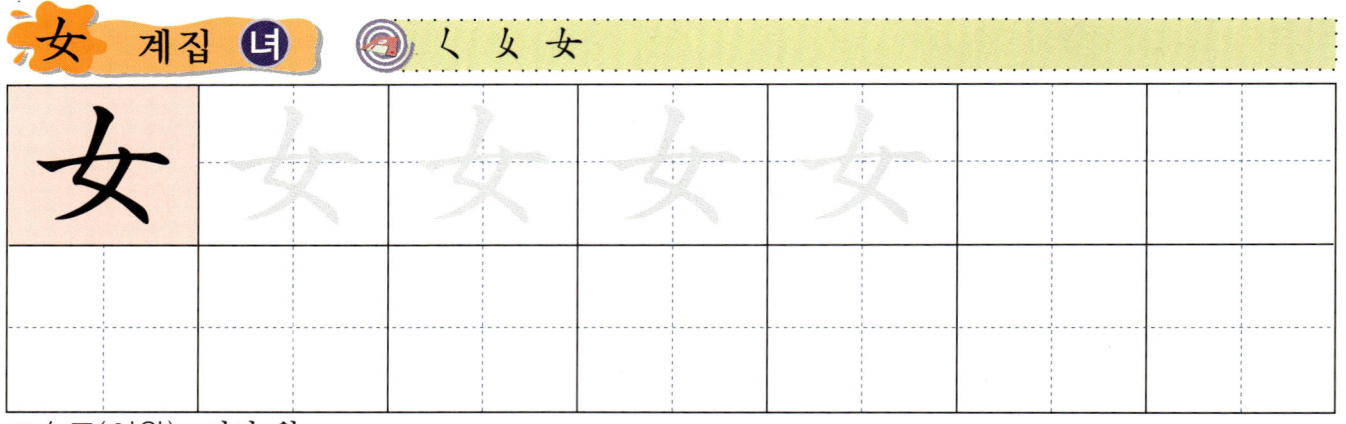

■ 女王(여왕): 여자 왕.

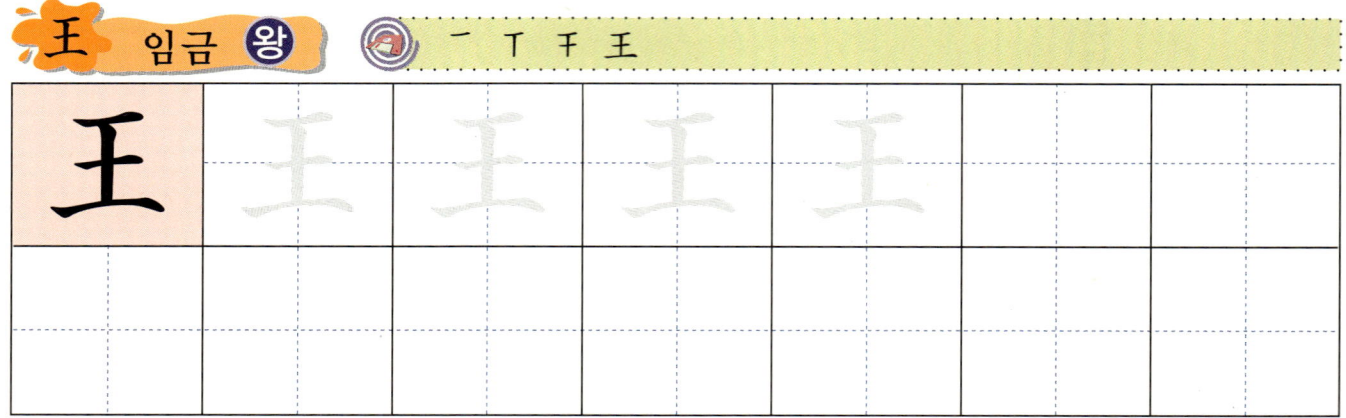

■ 王家(왕가): 임금과 친척 관계에 있는 집안.

■ 父母(부모): 아버지와 어머니.

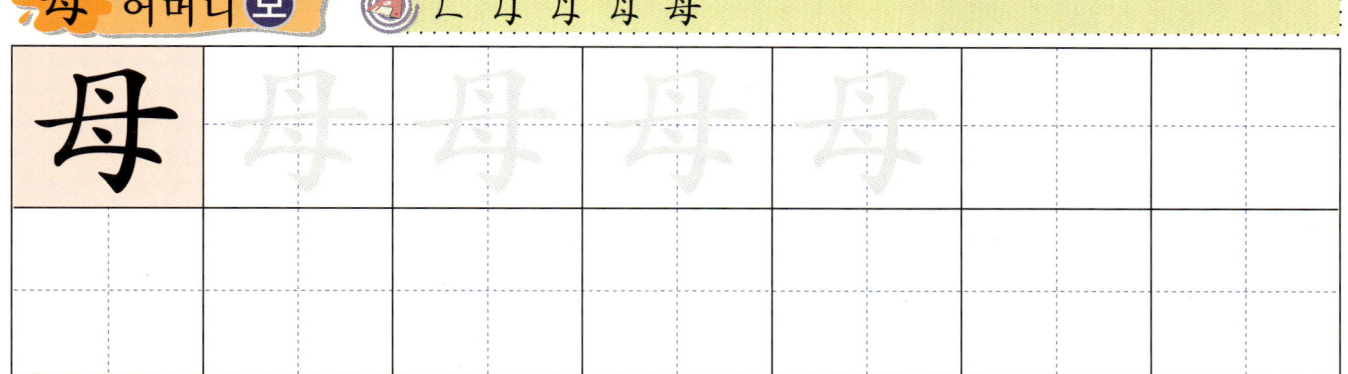
■ 母女(모녀): 어머니와 딸.

■ 兄弟(형제): 형과 아우.

■ 弟子(제자): 가르침을 받는 사람.

學 배울 학
` ` ` ` ` ` ` 學 學 學 學

學

■ 學力(학력): 배움의 정도.

校 학교 교
一 十 才 木 ⽊ 朩 栌 栫 校

校

■ 學校(학교): 모여서 배우고 익히는 곳.

先 먼저 선
丿 ⺊ 丄 生 牛 先

先

■ 先生(선생): 가르치는 사람.

生 날 생
丿 ⺊ 丄 牛 生

生

■ 生日(생일): 태어난 날.

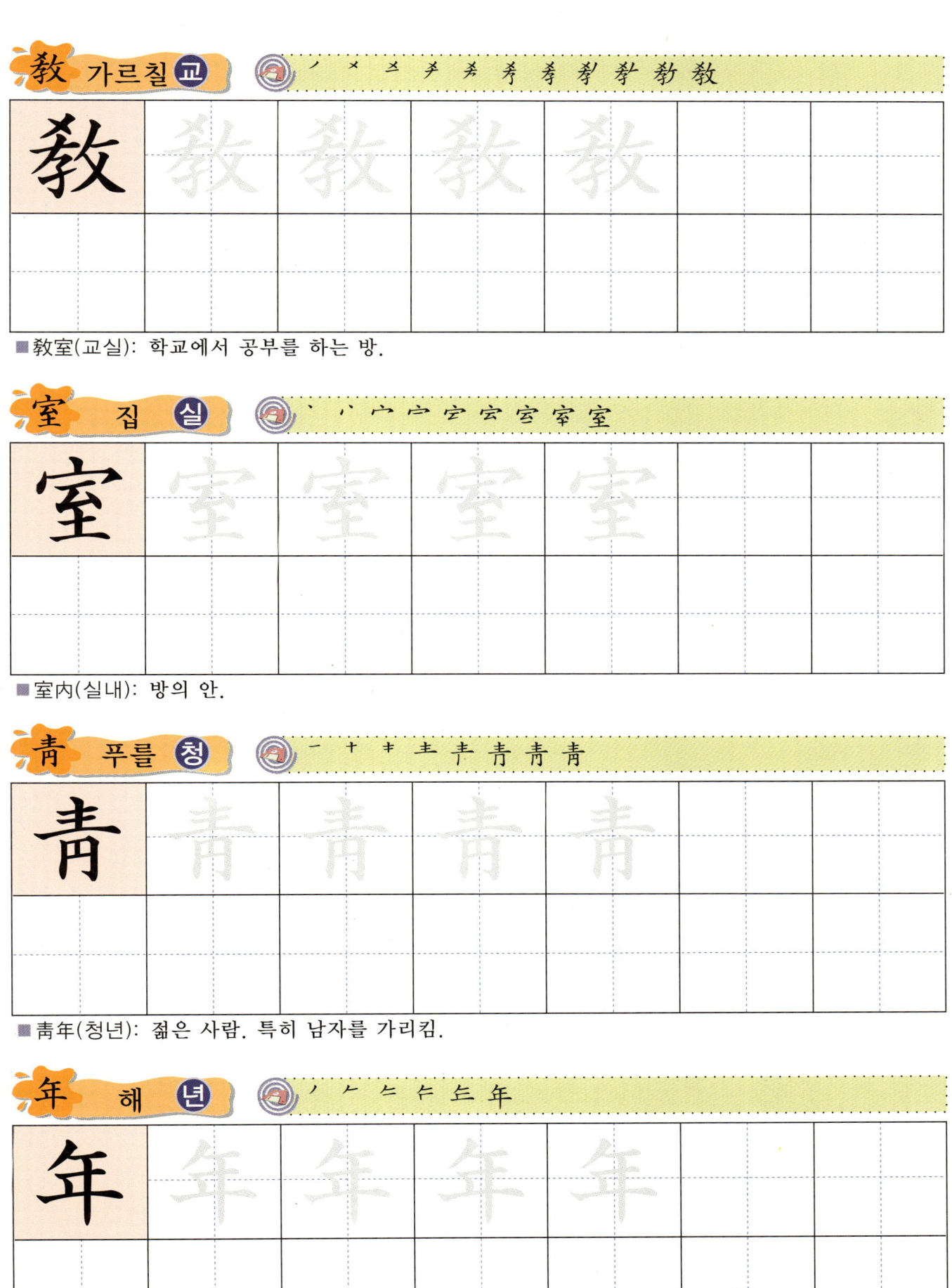

敎 가르칠 교
ノ × チ 孝 耂 耂 孝 孝 孝 敎 敎

■ 敎室(교실): 학교에서 공부를 하는 방.

室 집 실
丶 宀 宀 宀 宀 宀 宰 室

■ 室内(실내): 방의 안.

靑 푸를 청
一 十 キ 主 丰 靑 靑 靑

■ 靑年(청년): 젊은 사람. 특히 남자를 가리킴.

年 해 년
ノ 一 ト 午 年

■ 來年(내년): 올해의 다음 해. 다가올 해.

■ 白人(백인): 황인종이나 흑인종과 달리 피부가 하얀 사람.

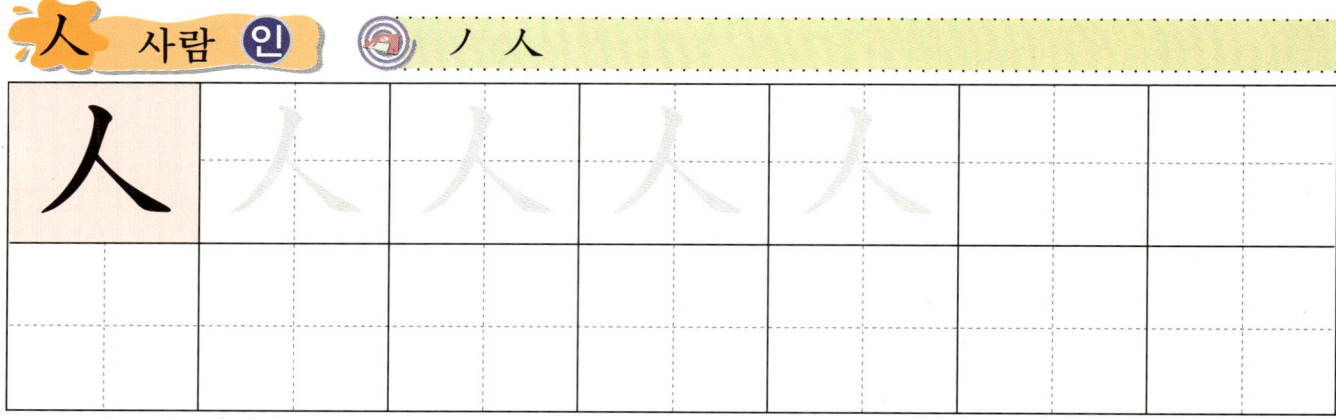
■ 人間(인간): 사람을 일컬음.

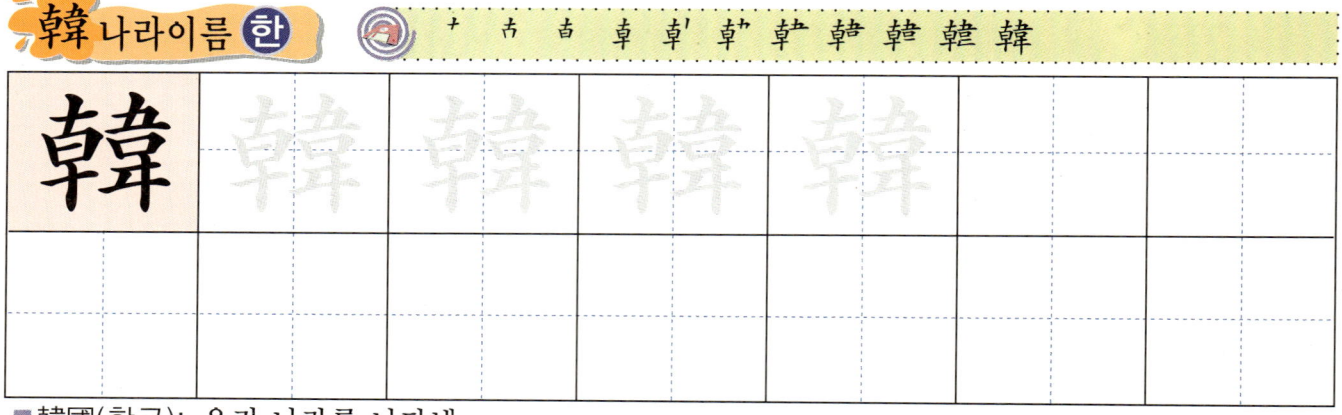
■ 韓國(한국): 우리 나라를 나타냄.

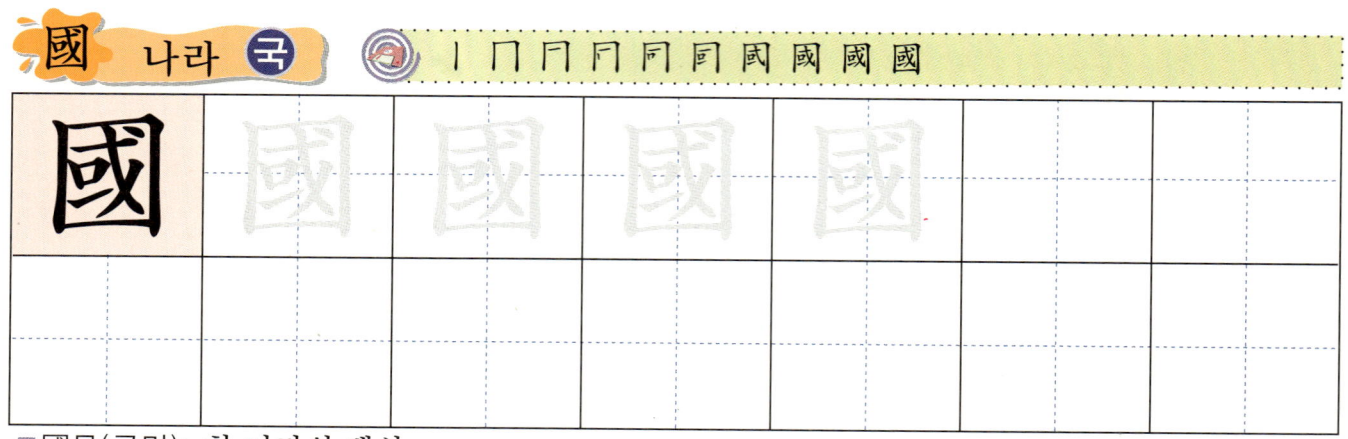
■ 國民(국민): 한 나라의 백성.

| 軍 군사 군 | 丶 冖 冖 冖 冒 冒 冒 宣 軍 |

| 軍 | 軍 | 軍 | 軍 | 軍 | | | |

■ 軍人(군인): 군대에 몸이 딸린 장교와 사병.

| 民 백성 민 | 冖 コ ㄹ 尸 尸 民 |

| 民 | 民 | 民 | 民 | 民 | | | |

■ 民生(민생): 일반 사람들의 생활.

| 寸 마디 촌 | 一 寸 寸 |

| 寸 | 寸 | 寸 | 寸 | 寸 | | | |

■ 三寸(삼촌): 아버지의 남자 형제.

| 門 문 문 | 丨 冂 冂 冂 冃 門 門 門 |

| 門 | 門 | 門 | 門 | 門 | | | |

■ 大門(대문): 한 집의 정문. 또는 큰 문.

大 크다 대   一 ナ 大

大	大	大	大	大	

■ 大小(대소): 큰 것과 작은 것.

小 작을 소   丿 小 小

小	小	小	小	小	

■ 小人(소인): 나이 어린 아이 또는 키나 몸집이 작은 사람.

中 가운데 중   丨 口 口 中

中	中	中	中	中	

■ 中心(중심): 한가운데. 한복판.

外 밖 외   丿 夕 夕 外 外

外	外	外	外	外	

■ 外國(외국): 자기 나라가 아닌 다른 나라.

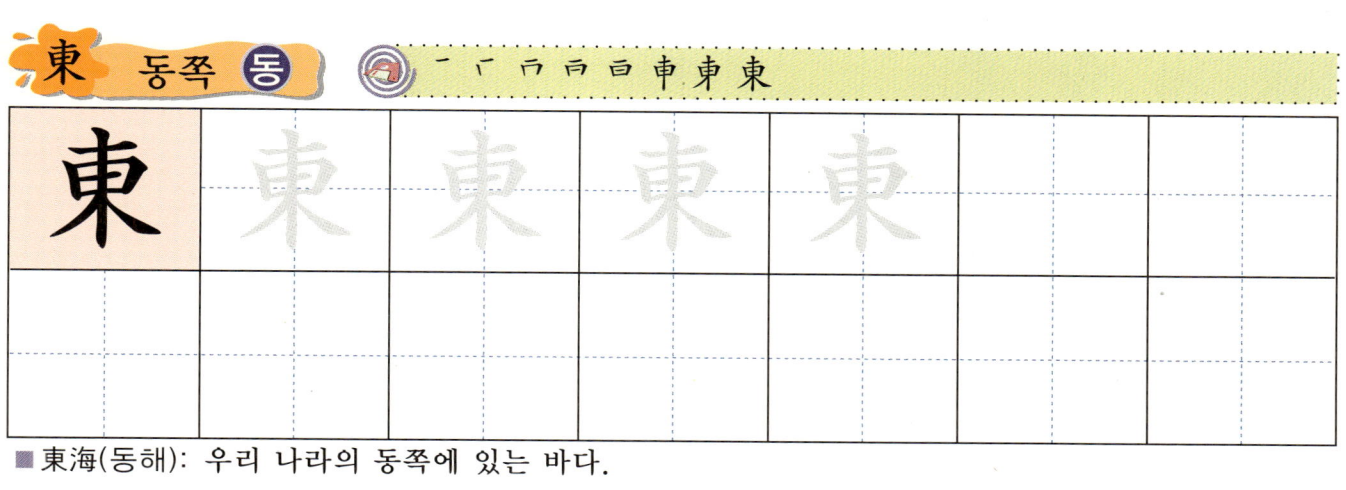

■ 東海(동해): 우리 나라의 동쪽에 있는 바다.

■ 東西(동서): 동쪽과 서쪽.

■ 南部(남부): 남쪽에 있는 부분.

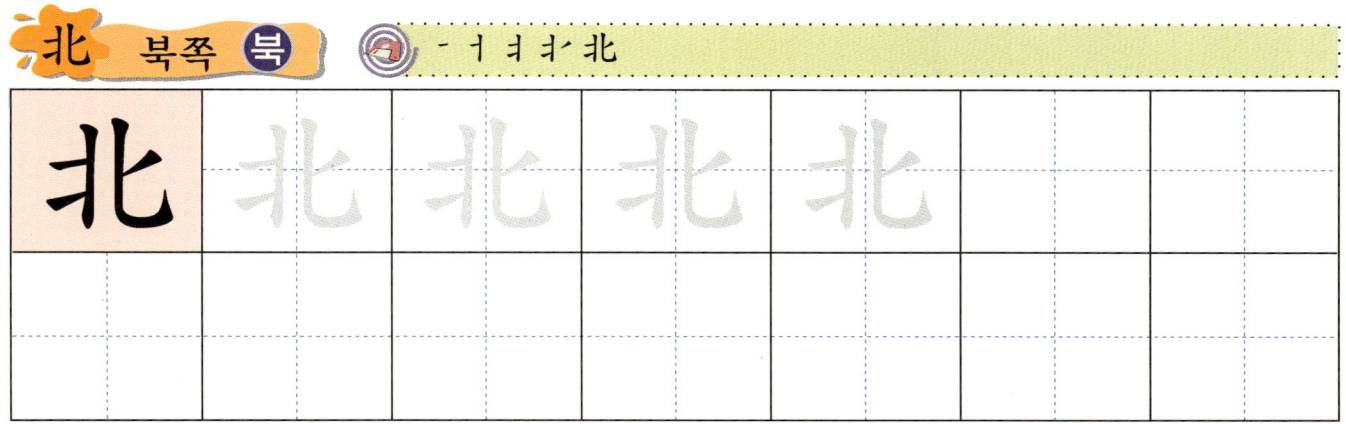

■ 南北(남북): 남쪽과 북쪽.

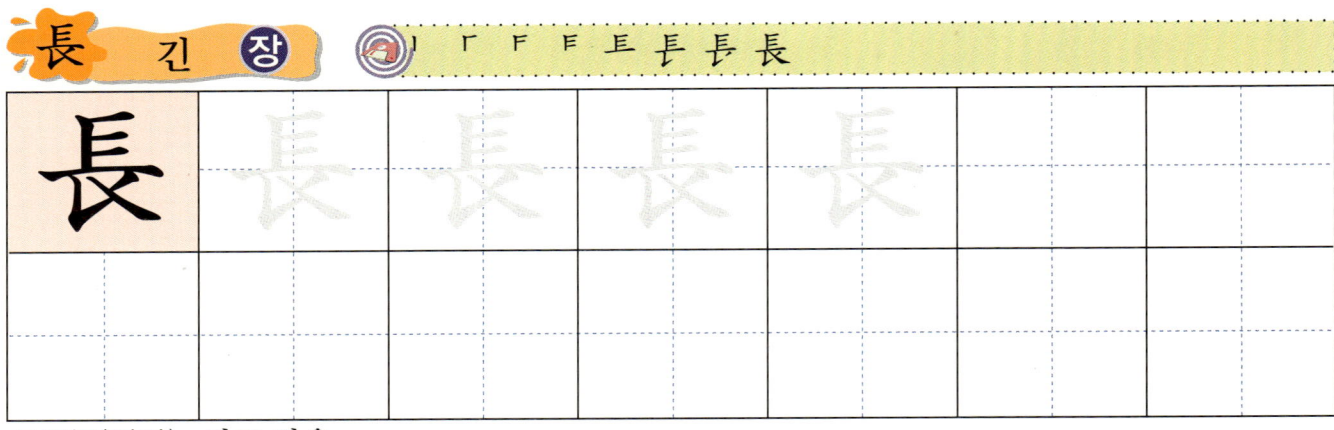

■ 長短(장단): 길고 짧음.

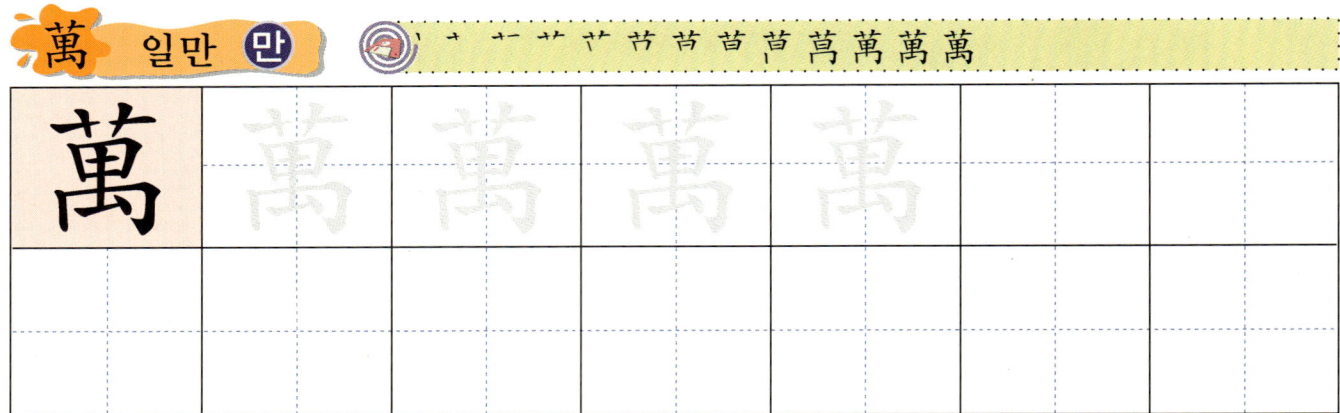

■ 萬人(만인): 매우 많은 사람 또는 모든 사람들.

1급 쓰기 연습장

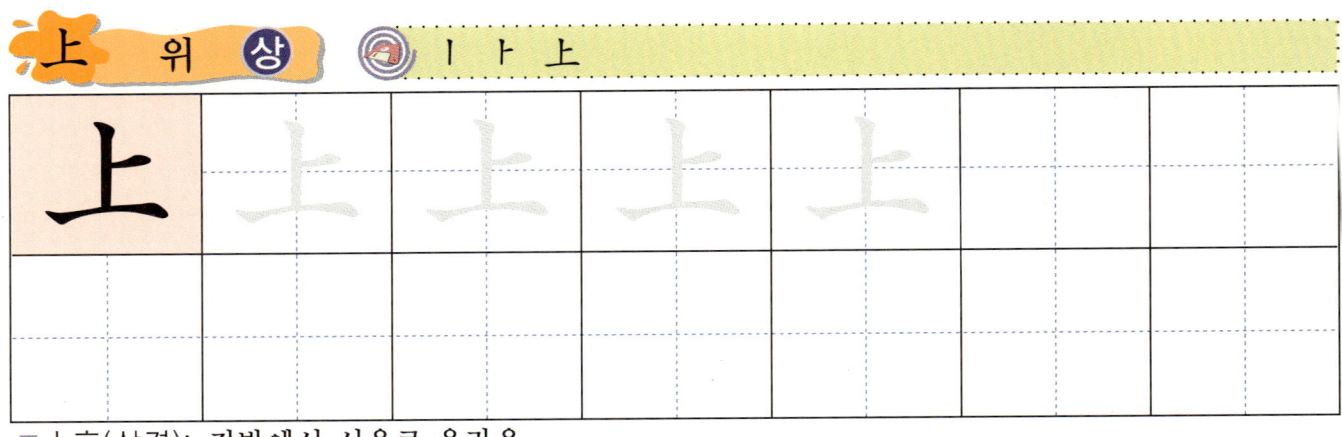

■ 上京(상경): 지방에서 서울로 올라옴.

■ 上下(상하): 위와 아래. 또는 좋고 나쁨.

■ 出國(출국): 나라의 국경 밖으로 나감.

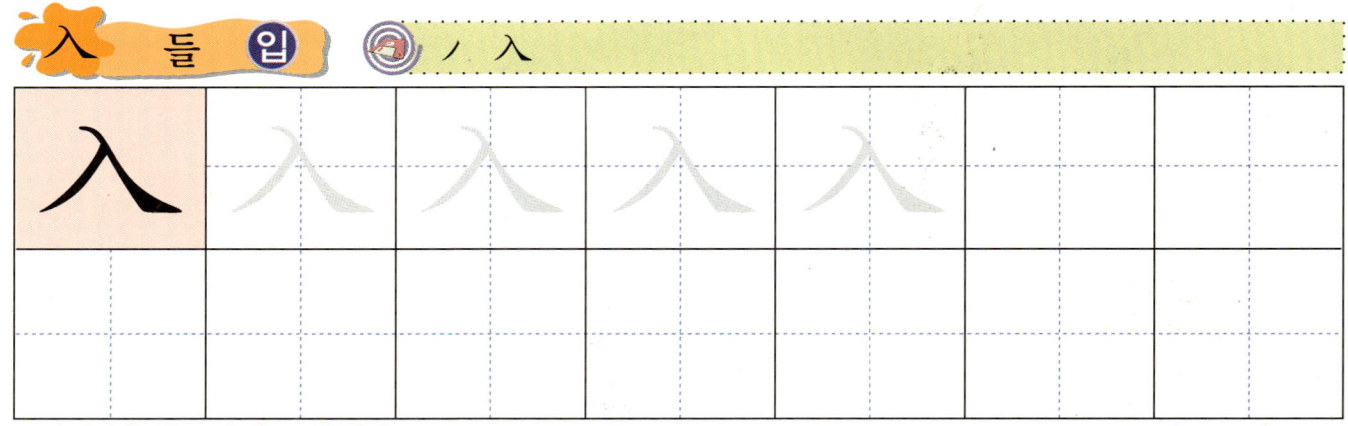

■ 出入(출입): 나가고 들어옴.

■ 內心(내심): 겉으로 드러나지 않는 속마음.

■ 百年(백 년): 일백 년, 또는 많은 해.

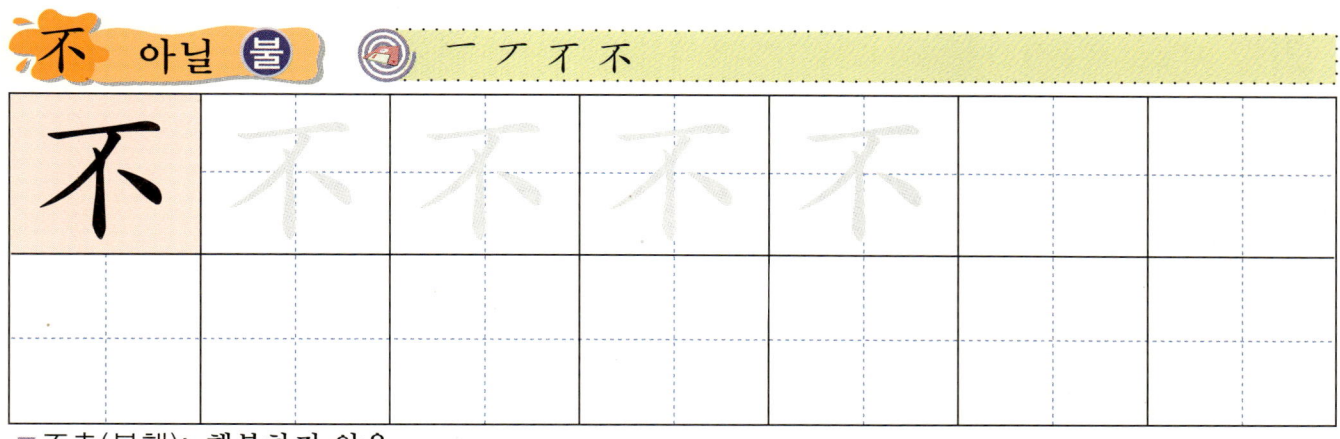

■ 不幸(불행): 행복하지 않음.

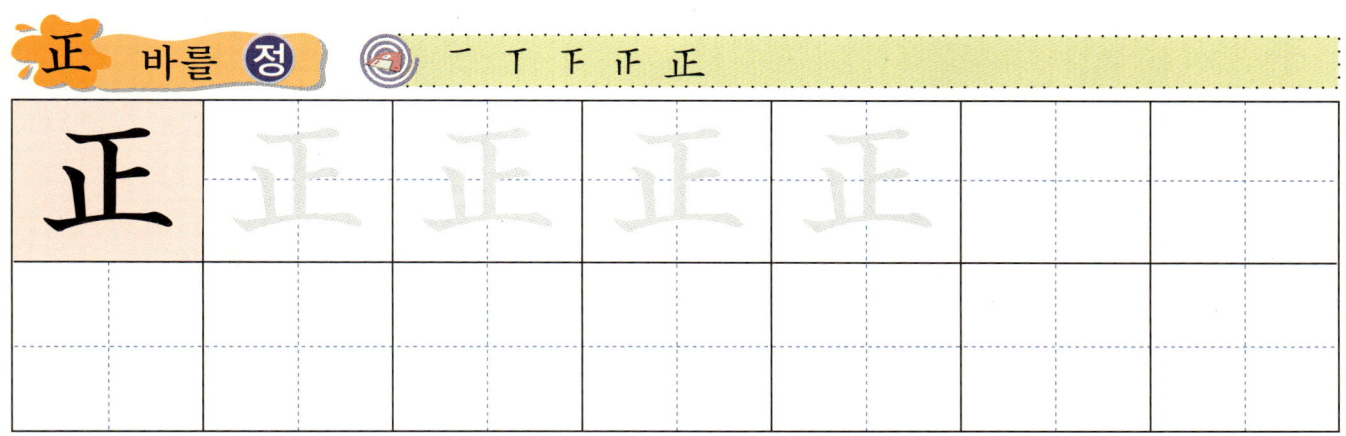

■ 不正(부정): 바르지 않음.

天 하늘 **천**　一 二 チ 天

天

■ 天命(천명): 하늘의 명령.

地 땅 **지**　一 十 土 圵 地 地

地

■ 天地(천지): 하늘과 땅.

男 사내 **남**　丨 口 日 田 田 男 男

男

■ 男子(남자): 남성으로 태어난 사람. 사나이.

子 아들 **자**　フ 了 子

子

■ 子女(자녀): 아들과 딸.

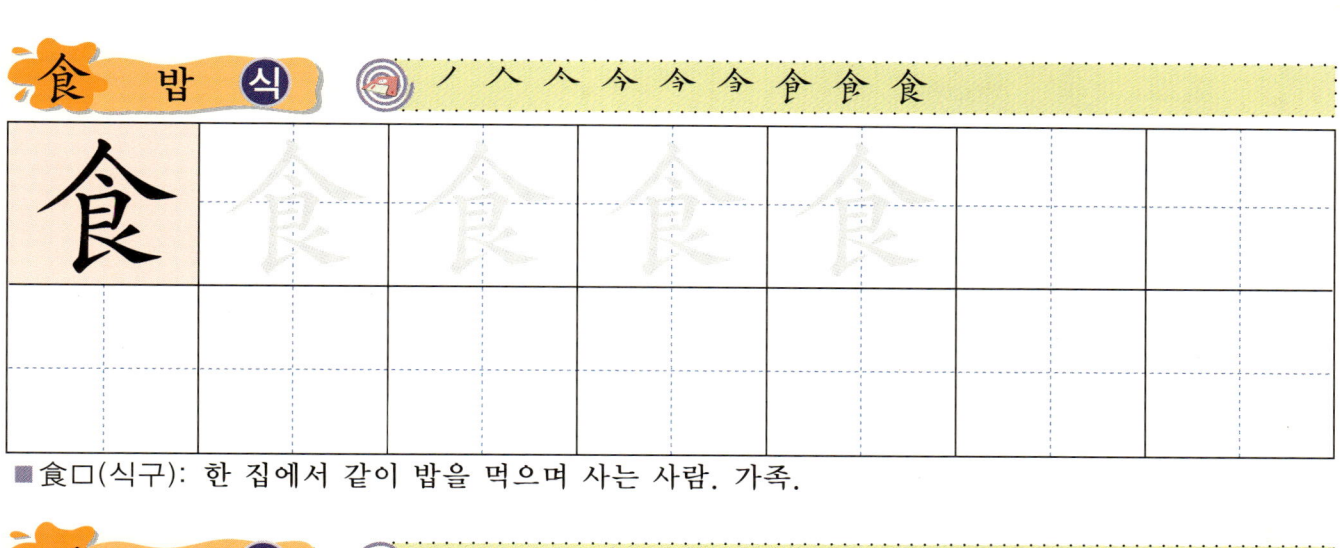

■ 食口(식구): 한 집에서 같이 밥을 먹으며 사는 사람. 가족.

■ 口味(구미): 입맛

■ 便利(편리): 어떤 일을 하는 데 편하고 쉬움.

■ 便安(편안): 몸이나 마음이 편하고 좋음.

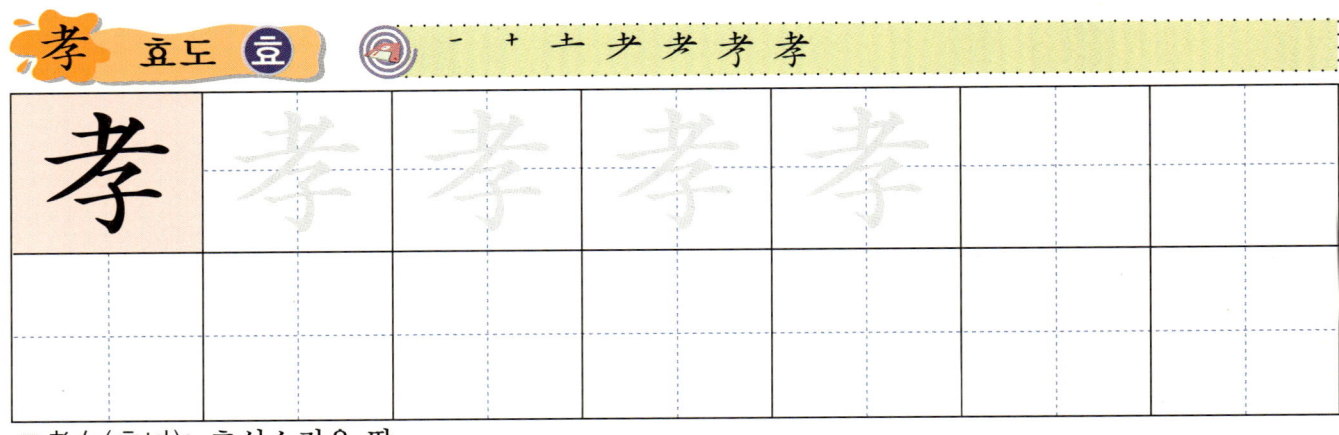

■ 孝女(효녀): 효성스러운 딸.

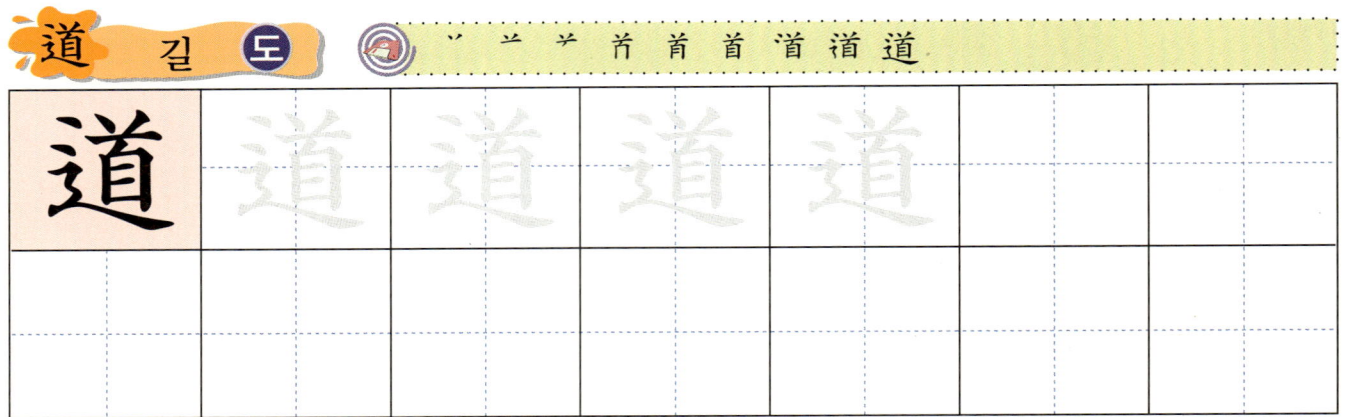

■ 孝正(효도): 어버이를 잘 섬김.

■ 家族(가족): 부부를 중심으로 한 집에서 함께 사는 사람들.

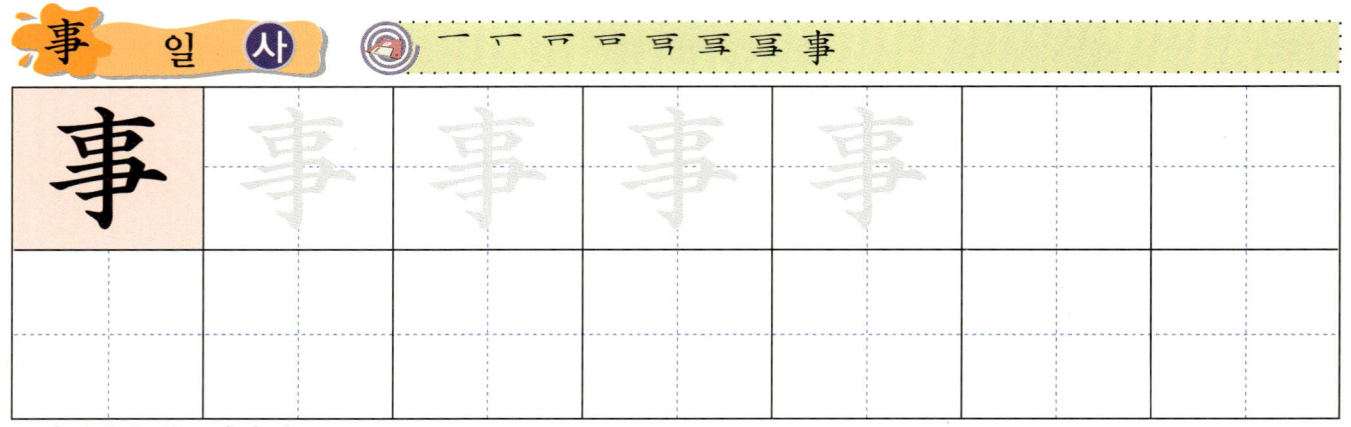

■ 家事(가사): 집안일.

■ 住民(주민): 어느 지역에 사는 사람들.

■ 住所(주소): 살고 있는 곳. 생활의 근거를 둔 곳.

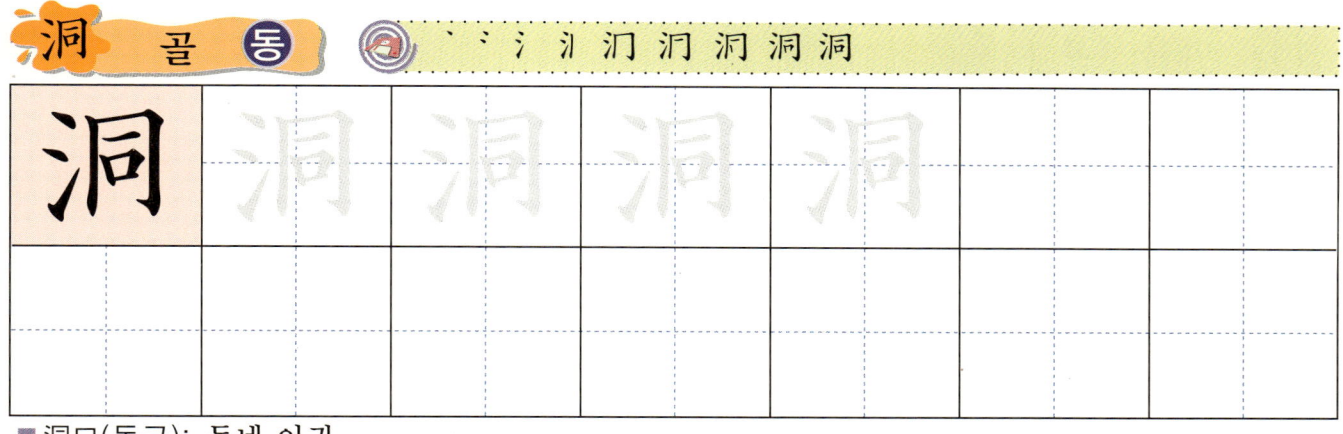

■ 洞口(동구): 동네 어귀.

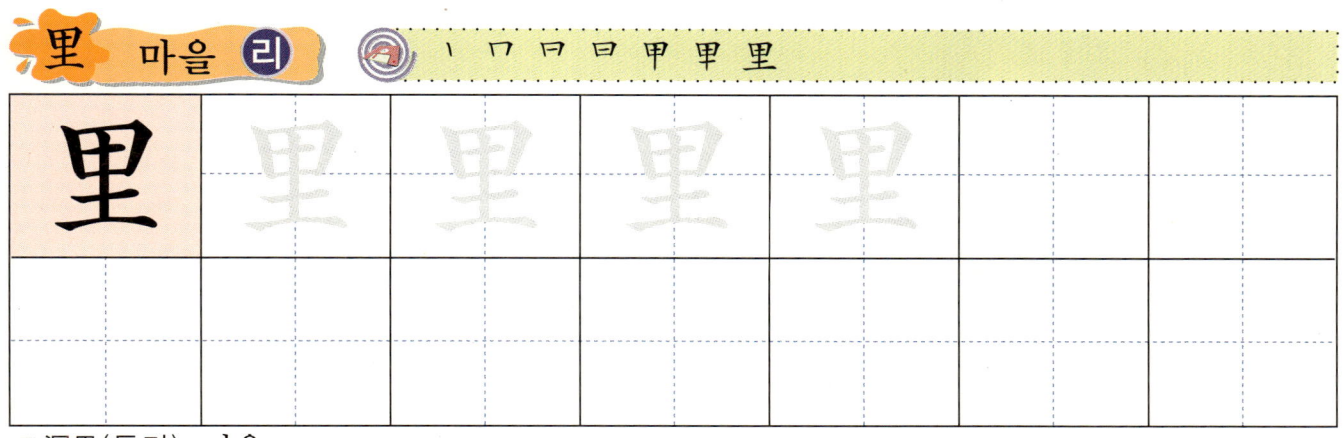

■ 洞里(동리): 마을.

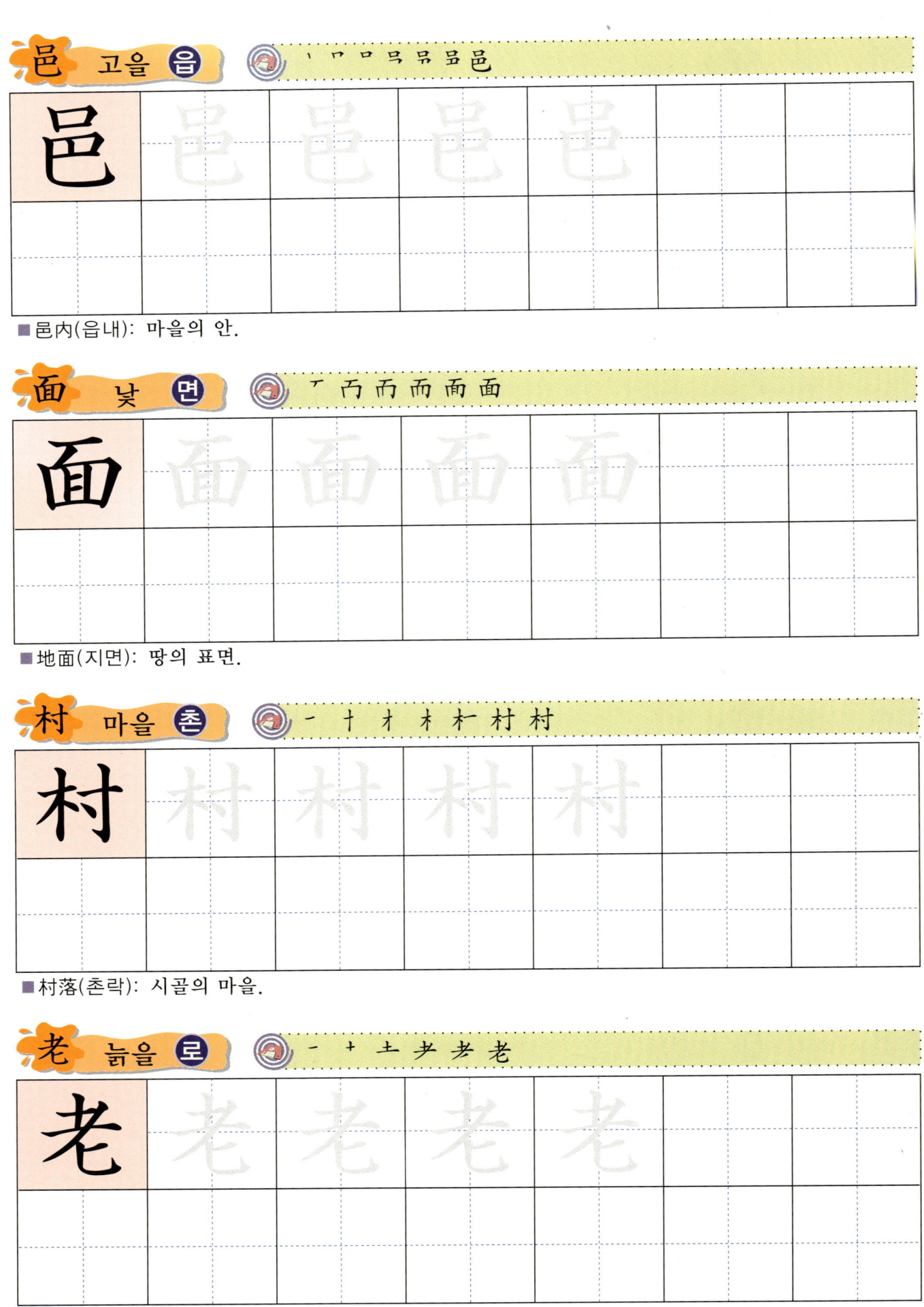

■ 邑内(읍내): 마을의 안.

■ 地面(지면): 땅의 표면.

■ 村落(촌락): 시골의 마을.

■ 老人(노인): 늙은 사람.

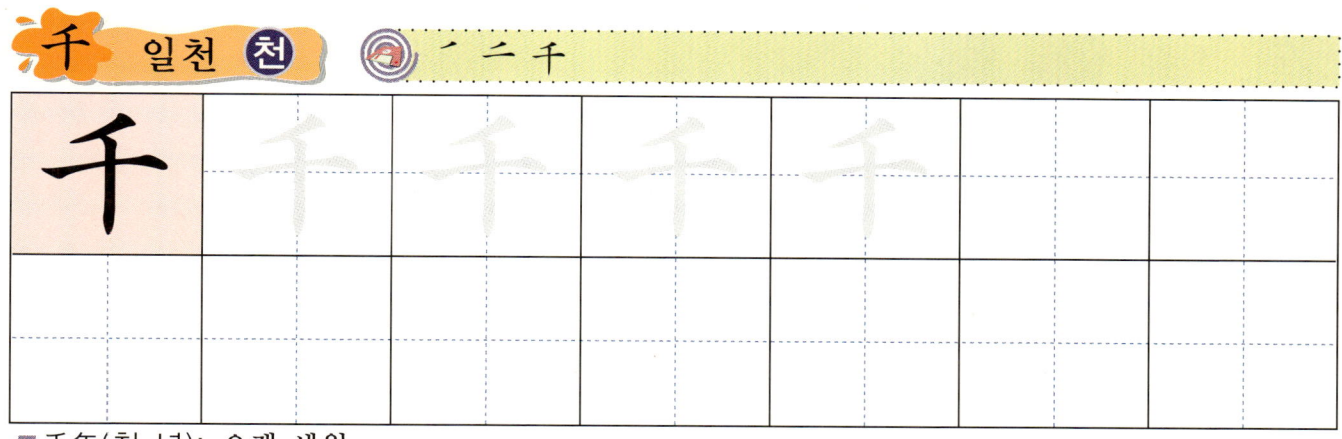

■ 千年(천 년): 오랜 세월.

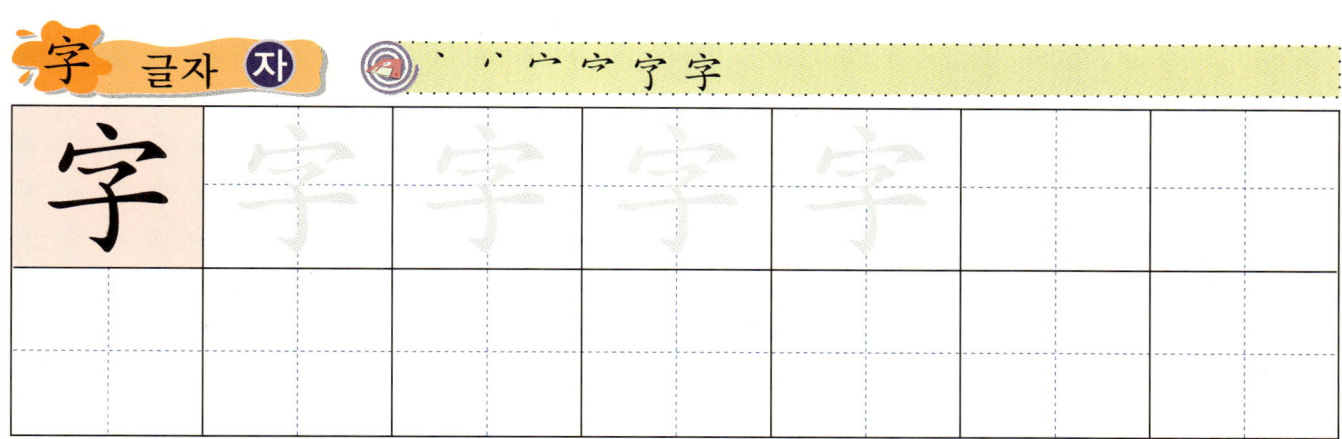

■ 千字文(천자문): 옛날, 한자를 처음 배우는 사람들이 쓰던 책.

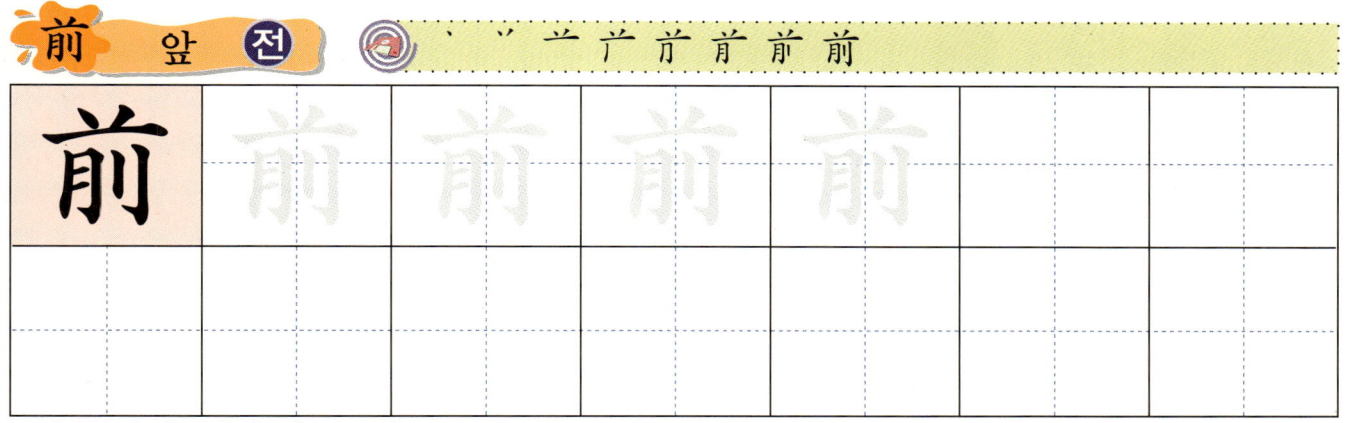

■ 生前(생전): 살아 있는 동안.

■ 前後(전후): 앞과 뒤.

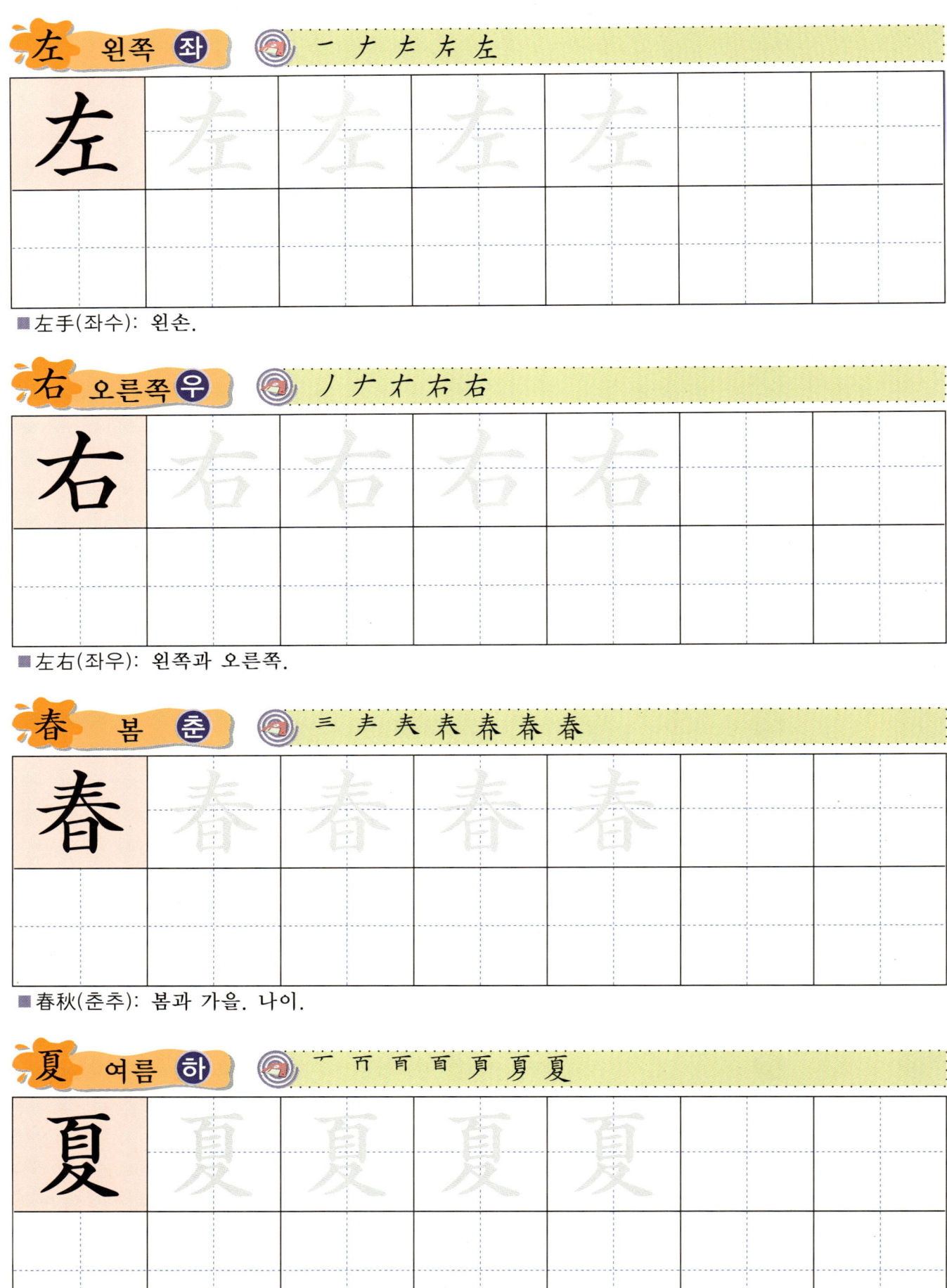

- 左手(좌수): 왼손.

- 左右(좌우): 왼쪽과 오른쪽.

- 春秋(춘추): 봄과 가을. 나이.

- 夏期(하기): 여름의 시기. 여름철.

秋 가을 추
二千千千禾禾秒秋

■秋風(추풍): 가을 바람.

冬 겨울 동
ノクタ冬冬

■春夏秋冬(춘하추동): 봄・여름・가을・겨울.

時 때 시
１冂日日⁻日⁺日ᵗ時時

■時間(시간): 시각과 시각 사이의 동안.

間 사이 간
１ｒｒｒ門門門間間

■間食(간식): 밥 외에 먹는 군음식.

8・7급   25

江 강 강 `丶丶氵氵汀江江`

江

■ 江山(강산): 강과 산. 또는 자연.

川 내 천 `丿丿丨川`

川

■ 河川(하천): 시내. 강.

花 꽃 화 `丶丿卄艹艾花花`

花

■ 花草(화초): 꽃이 피는 풀과 나무.

草 풀 초 `丶丿卄艹艹苎苗草草`

草

■ 草木(초목): 풀과 나무.

■ 自己(자기): 그 사람 자신.

■ 自然(자연): 사람의 힘을 들이지 않은 원래 그대로의 상태.

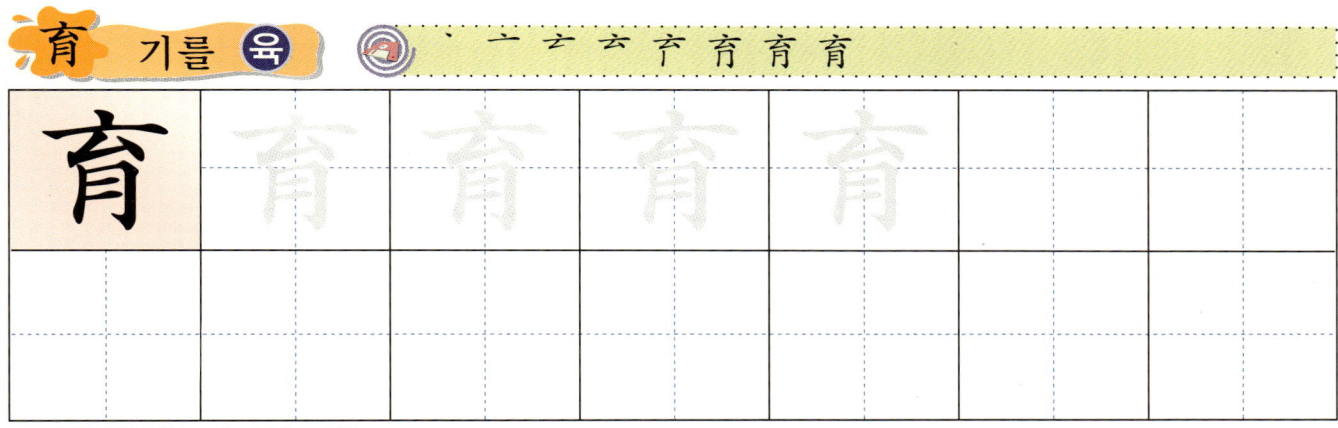

■ 育兒(육아): 아이를 기름.

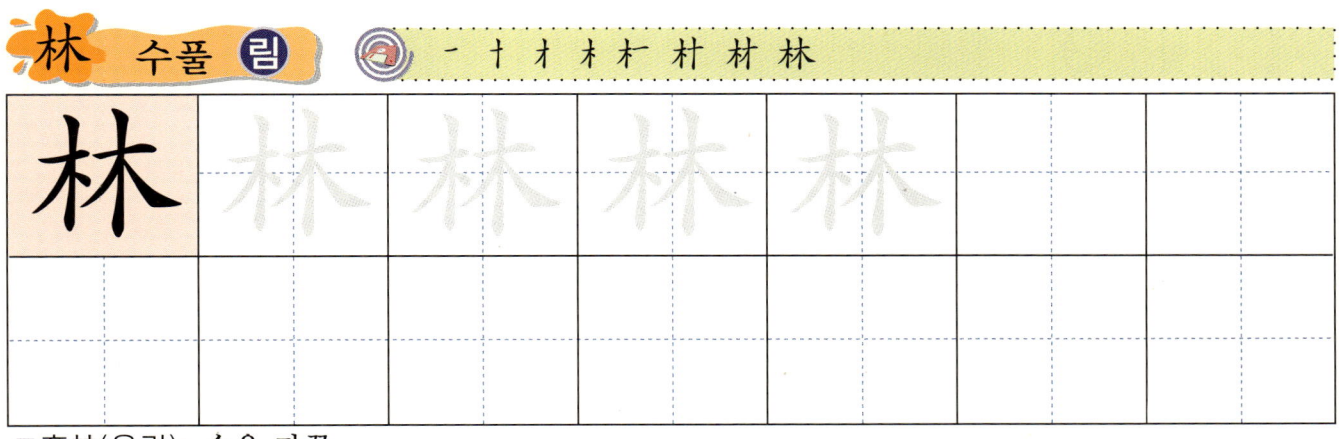

■ 育林(육림): 숲을 가꿈.

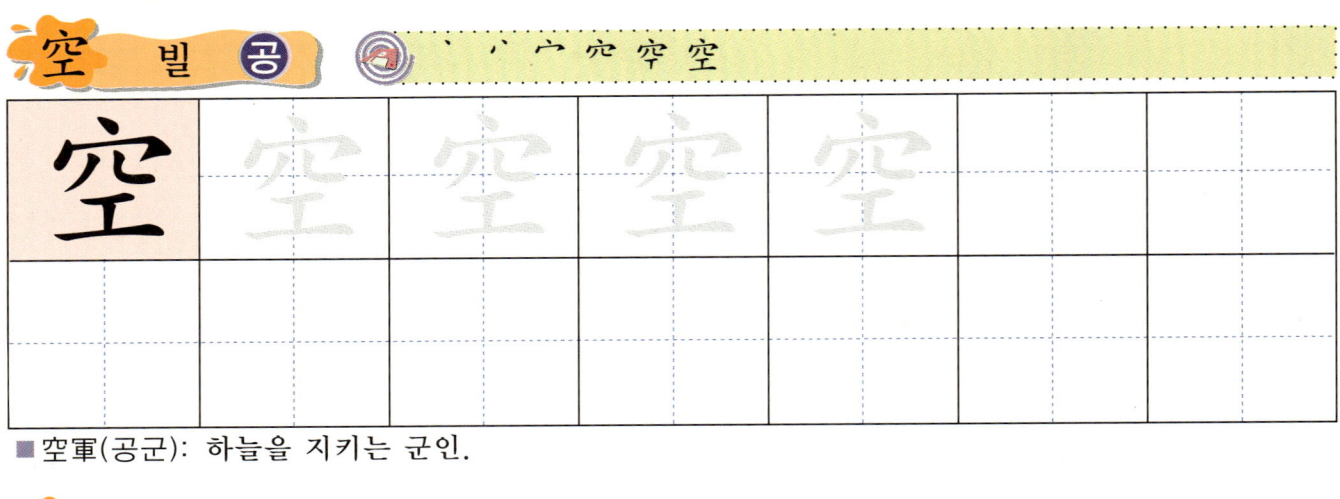

■ 空軍(공군): 하늘을 지키는 군인.

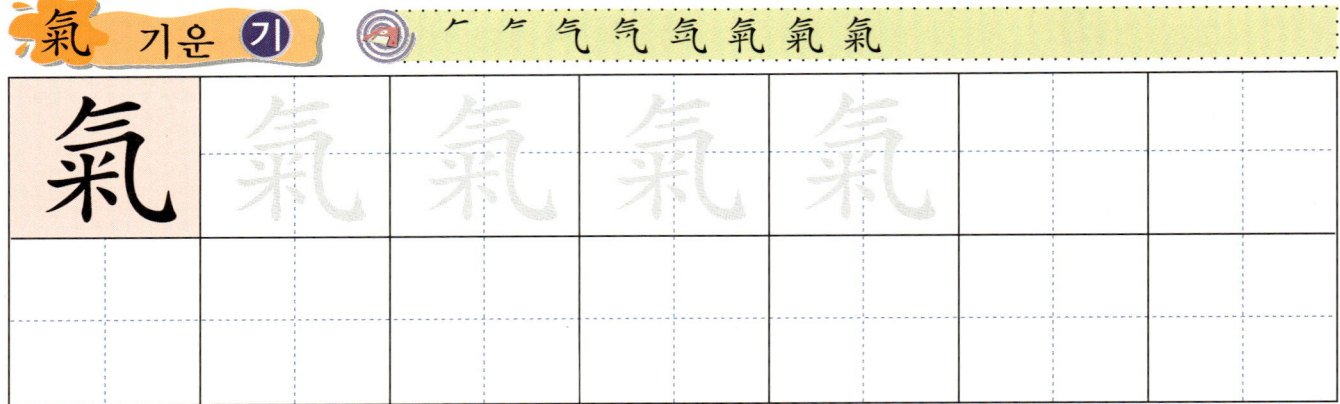

■ 空氣(공기): 지구의 표면을 둘러싸고 있는 무색·투명·무취의 기체. 대기.

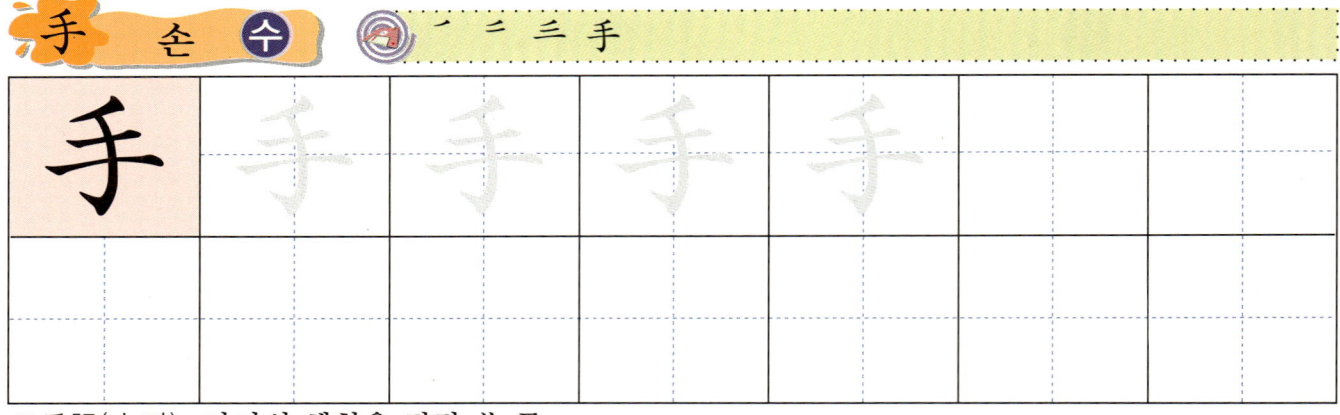

■ 手記(수기): 자기의 체험을 직접 쓴 글.

■ 手足(수족): 손과 발. 손발처럼 마음대로 부리는 사람.

| 直 곧을 직 | 一 十 十 六 市 直 直 直 |

直

■ 直線(직선): 곧은 선.

| 立 설 립 | 丶 亠 亠 立 立 |

立

■ 直立(직립): 꼿꼿이 바로 섬.

| 動 움직일 동 | 一 二 台 冃 盲 重 重 動 動 |

動

■ 動力(동력): 움직이게 하는 힘.

| 物 만물 물 | 丿 丨 丬 牛 牜 牞 物 物 |

物

■ 動物(동물): 생명이 있어 스스로 움직이는 생물.

重 무거울 중　　一 ㄴ ㅜ 亩 亩 盲 审 重 重

重

■ 重力(중력): 지구가 지구 위의 물체를 그 중심으로 끌어당기는 힘.

力 힘 력　　フ 力

力

■ 力作(역작): 힘들여 지음. 또는 힘들여 지은 작품.

方 모 방　　丶 一 亏 方

方

■ 方向(방향): 향하는 쪽. 방위.

命 목숨 명　　ノ 人 𠆢 亼 合 合 命 命

命

■ 命令(명령): 윗사람이 아랫사람에게 내리는 분부.

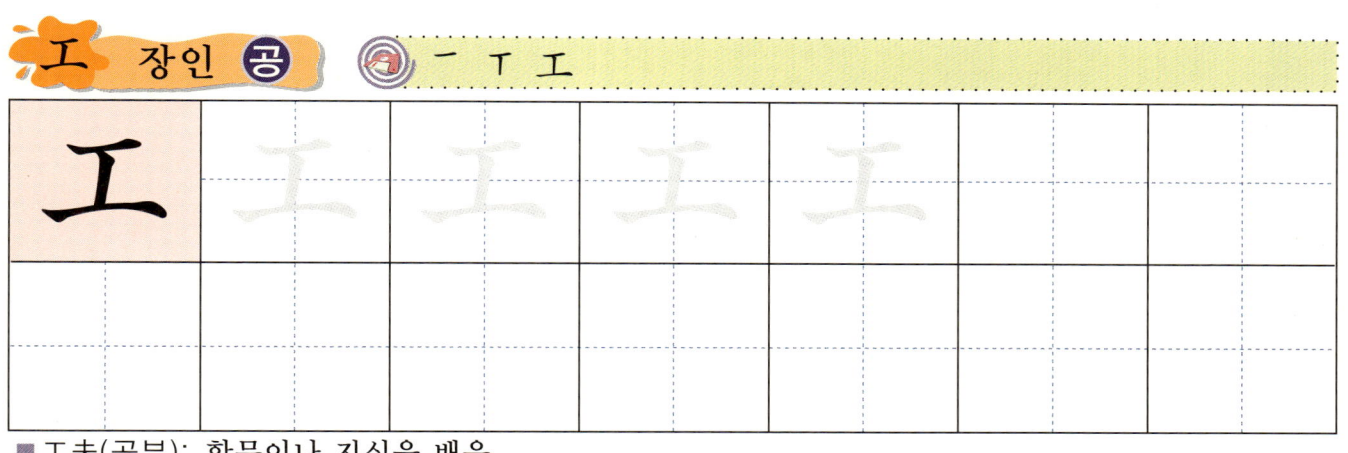

■ 工夫(공부): 학문이나 지식을 배움.

■ 工場(공장): 사람들이 기계를 써서 물건을 만들거나 손질하는 곳.

■ 電力(전력): 전기가 일으키는 힘.

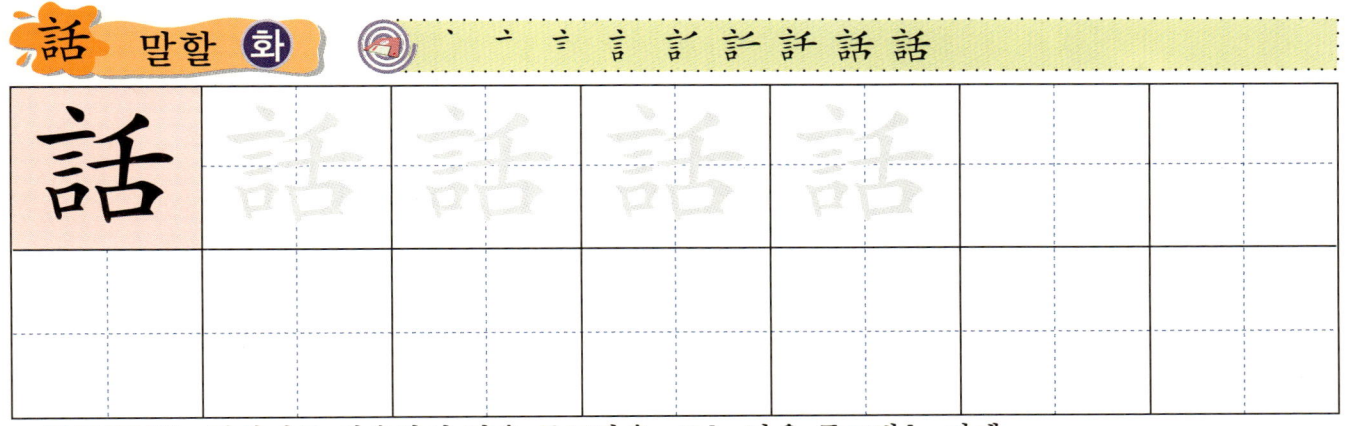

■ 電話(전화): 전화기를 이용하여 말을 주고받음. 또는 말을 주고받는 기계.

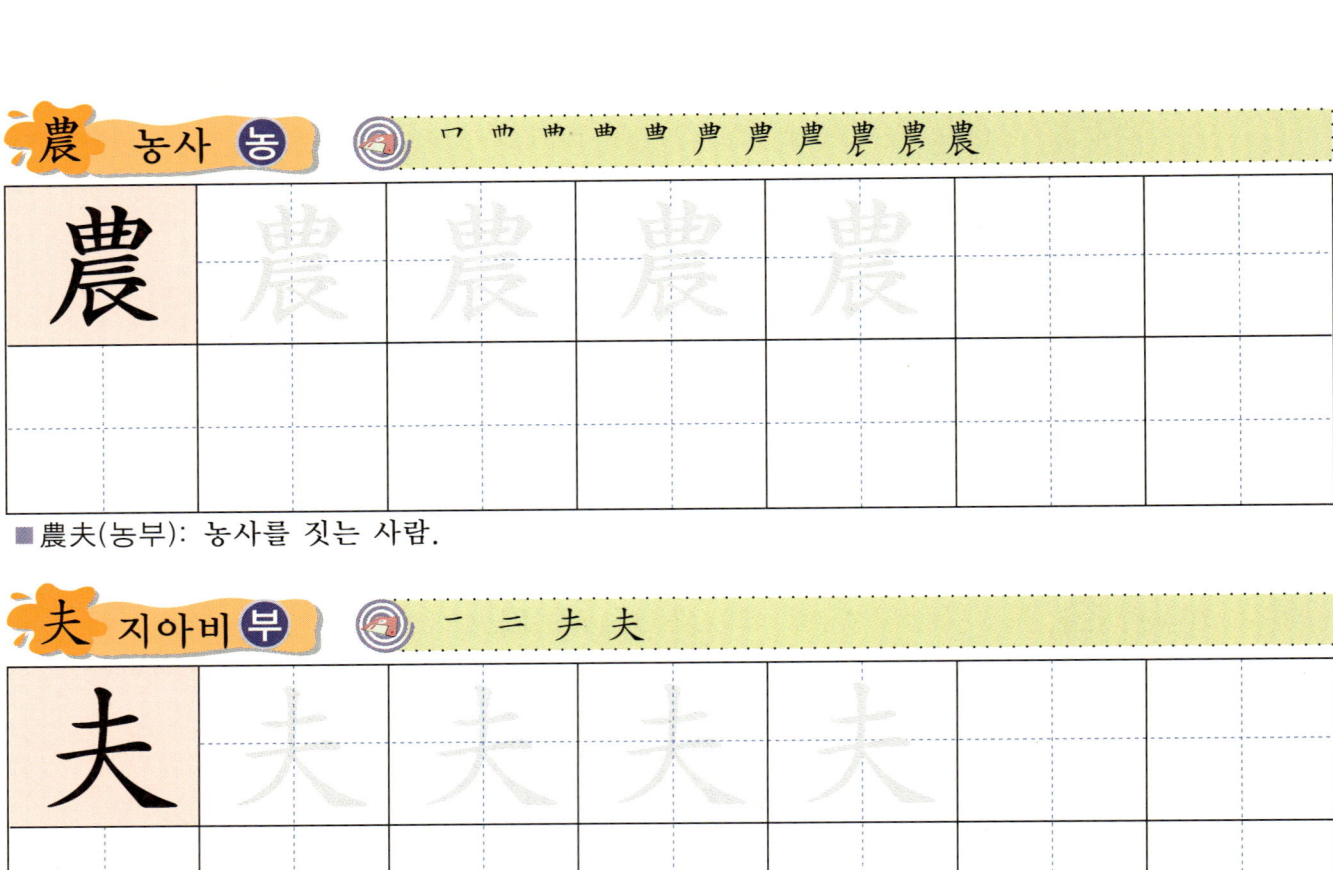

■ 農夫(농부): 농사를 짓는 사람.

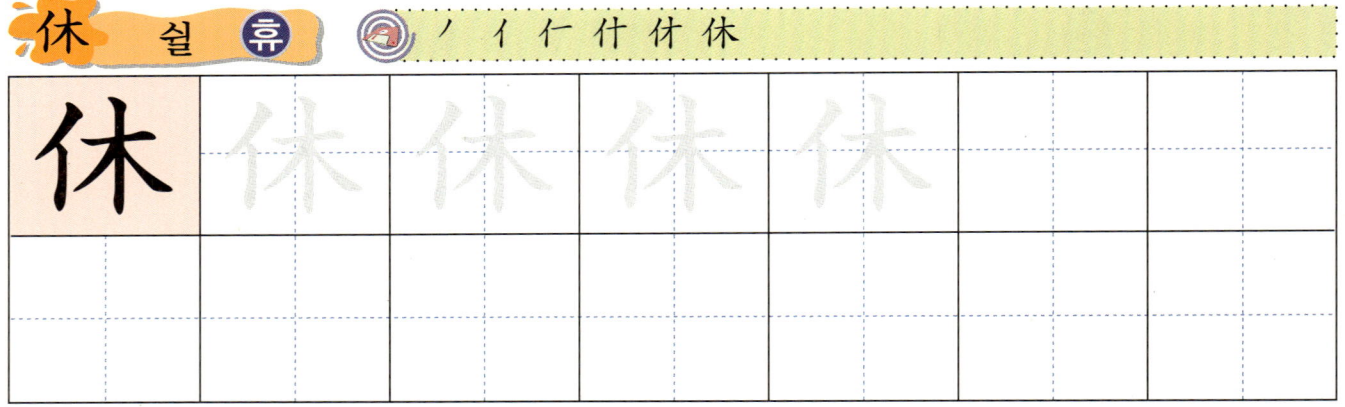

■ 夫婦(부부): 남편과 아내.

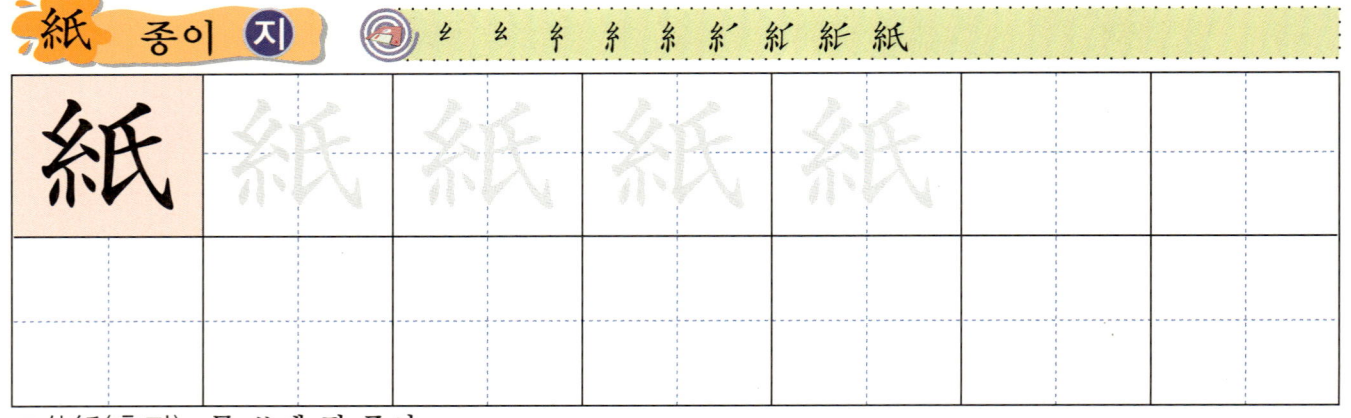

■ 休日(휴일): 일을 하지 않고 쉬는 날.

■ 休紙(휴지): 못 쓰게 된 종이.

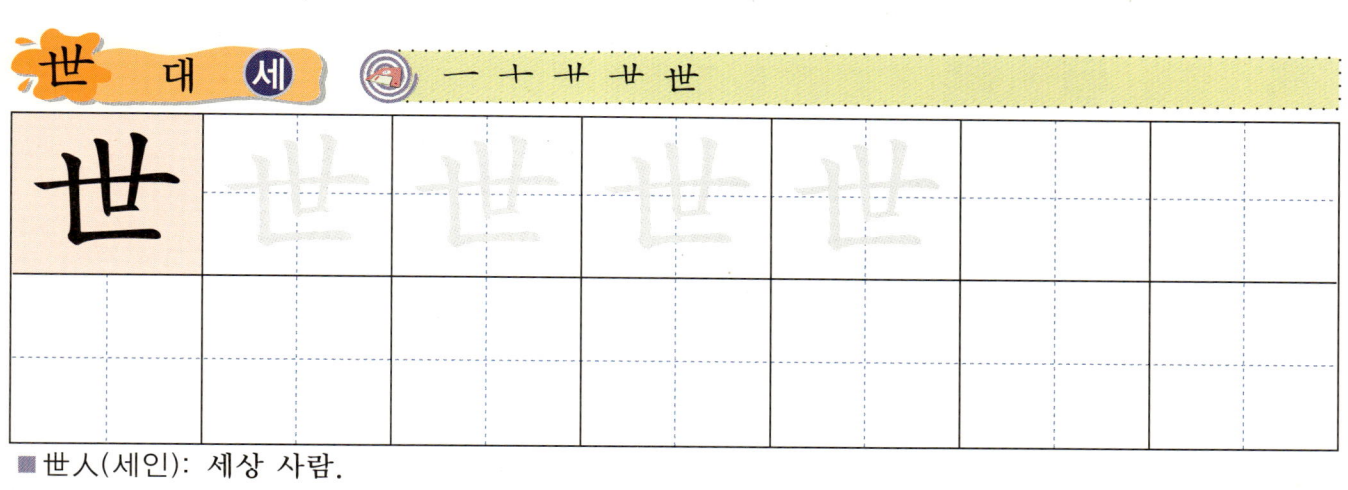

■ 世人(세인): 세상 사람.

■ 平凡(평범): 뛰어난 점이 없이 보통임.

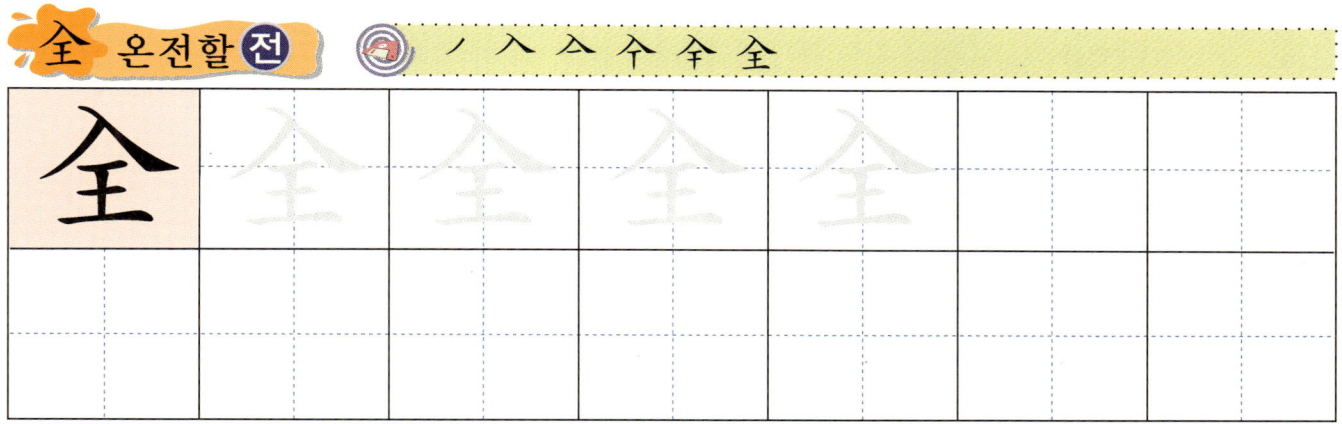

■ 全力(전력): 모든 힘.

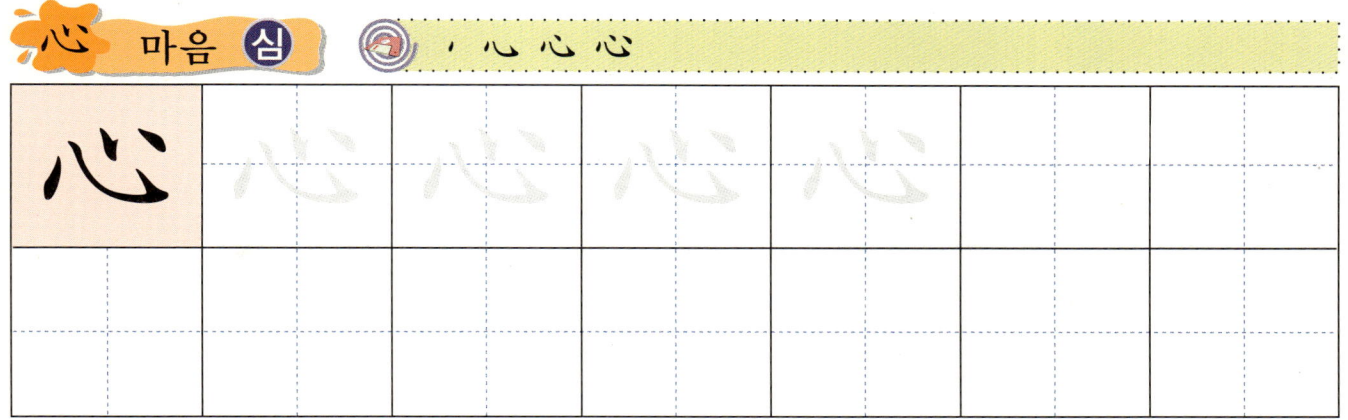

■ 全心(전심): 마음을 오로지 한 곳에만 씀.

問 물을 문 ｜ 冂 冂 冃 門 門 問 問

問

■問題(문제): 답을 얻기 위한 물음.

答 대답할 답 ⺮ ⺮ ⺮ 竺 笁 筌 答 答

答

■問答(문답): 묻고 대답함.

記 기록할 기 ⼀ ⼆ 言 訁 訁 記

記

■記者(기자): 신문, 잡지 등의 기사를 쓰는 사람.

語 말씀 어 ⼀ ⼆ 言 訁 訁 訁 訁 語 語 語 語

語

■言語(언어): 말.

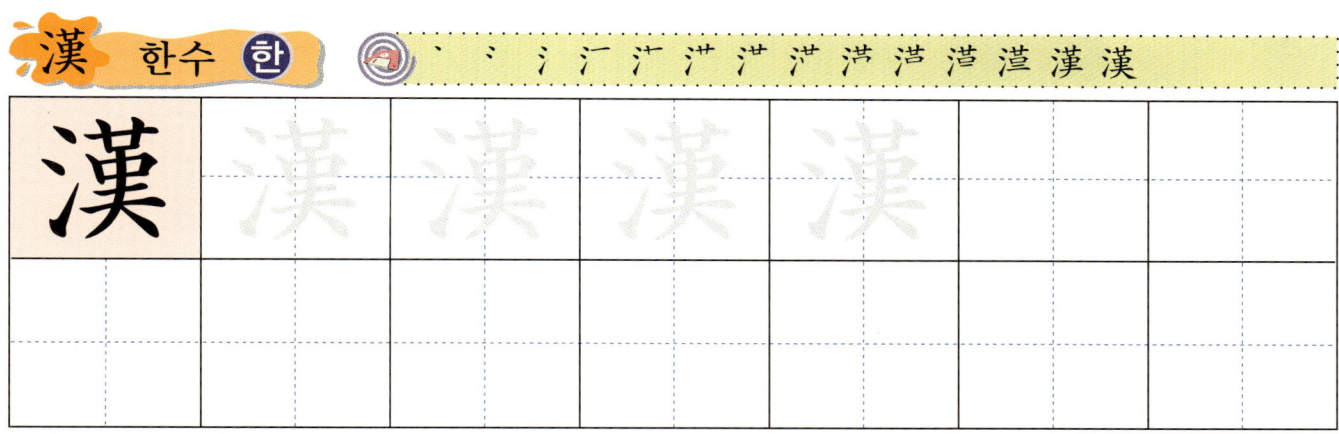

■ 漢文(한문): 한자로 쓴 글.

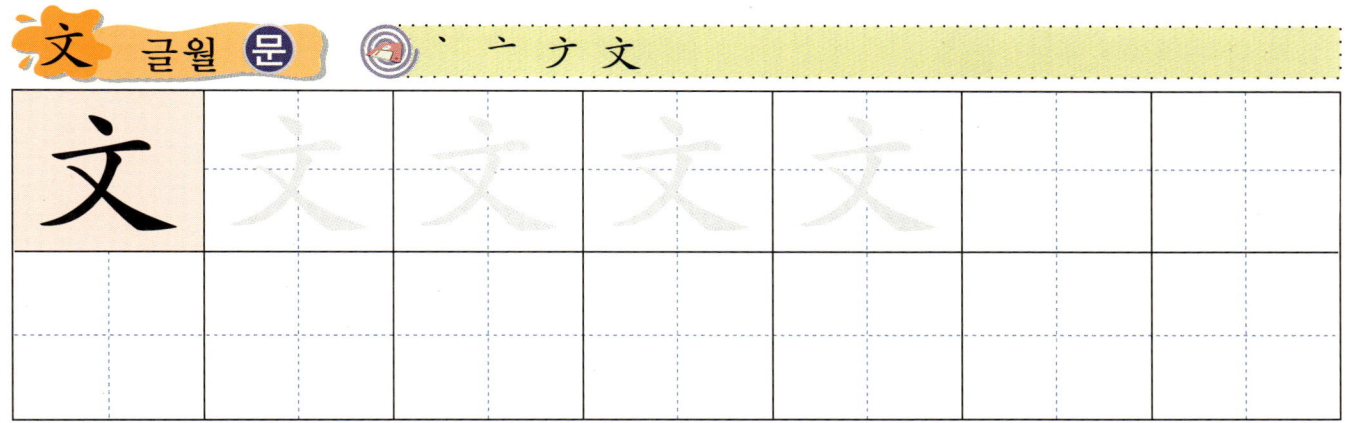

■ 文化(문화): 사람의 지혜가 깨어 살기 좋아짐.

■ 算數(산수): 초보적인 계산이나 도형 등을 가르치는 과목.

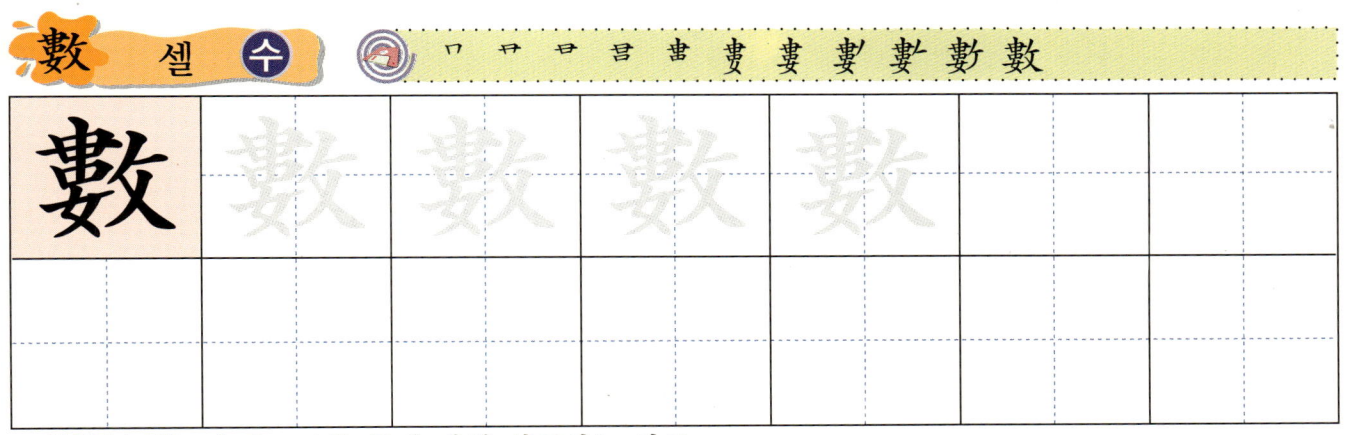

■ 數學(수학): 수량·도형 등에 대해 연구하는 학문.

午 낮 오   ノ 一 二 午

|午| | | | | | | |

■ 午前(오전): 밤 12시부터 낮 12시까지의 사이.

夕 저녁 석   ノ ク 夕

|夕| | | | | | | |

■ 夕陽(석양): 저녁 해 또는 해질 무렵.

同 한가지 동   丨 冂 冂 同 同 同

|同| | | | | | | |

■ 同生(동생): 같은 부모에게서 태어난 자기보다 나이가 적은 남자나 여자.

色 빛깔 색   ノ ⺈ 夕 ⺈ 名 色

|色| | | | | | | |

■ 同色(동색): 같은 빛깔.

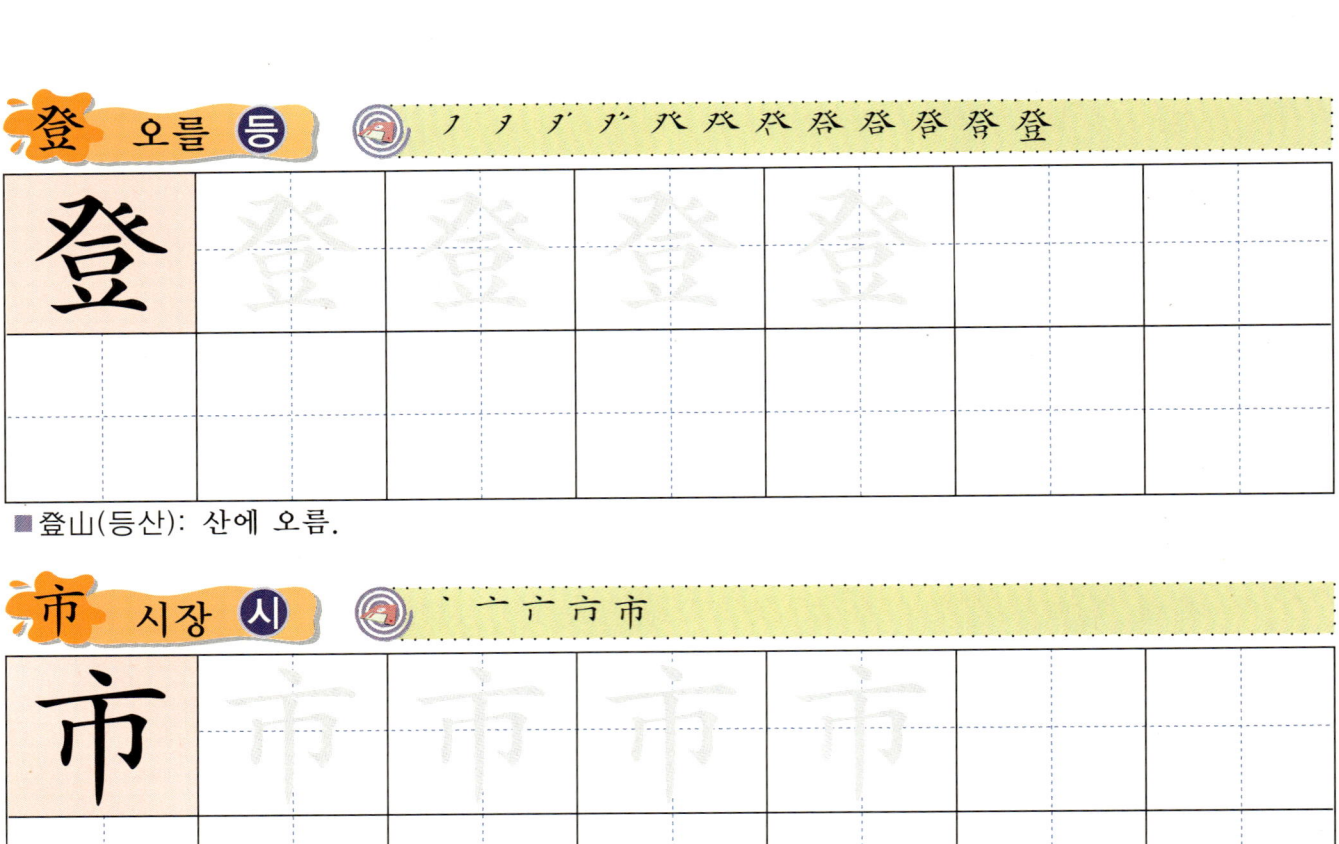

■ 登山(등산): 산에 오름.

■ 市場(시장): 여러 가지 상품을 팔고 사는 장소.

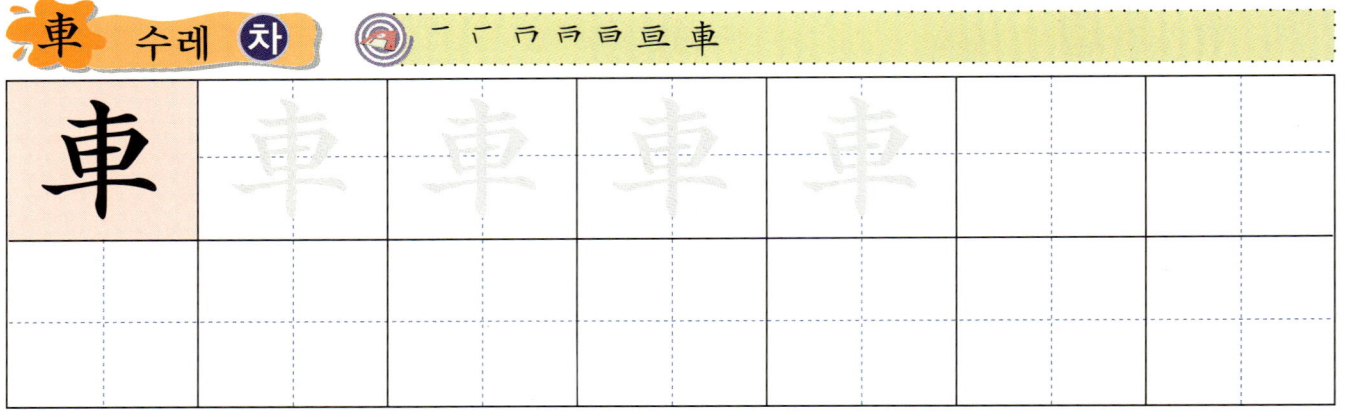

■ 車道(차도): 차가 다니는 길.

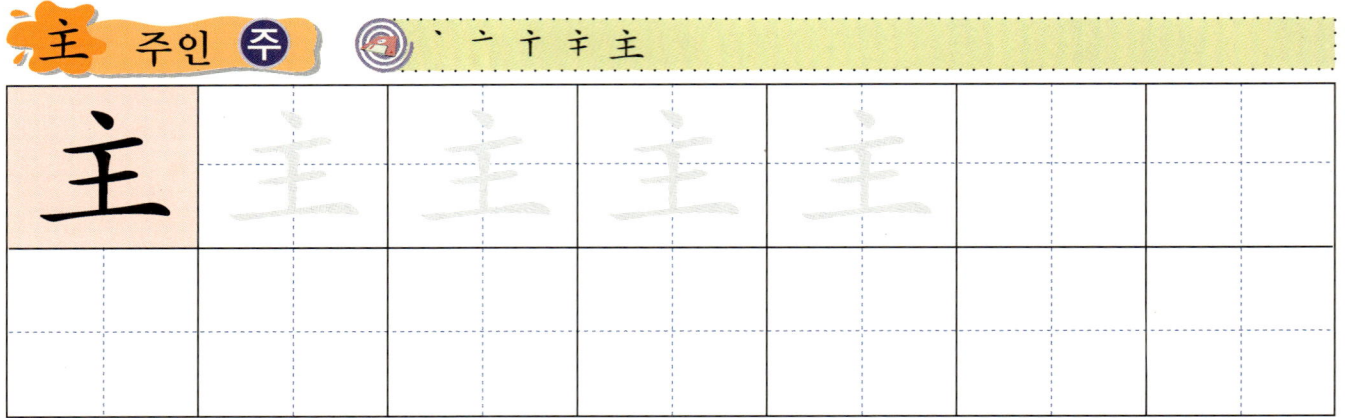

■ 主人(주인): 한 집안을 꾸려 나가는 주된 사람. 물건의 임자.

每 매양 매 　 ′ ⺊ ⺇ 与 每 每 每

■每年(매년): 해마다.

有 있을 유 　 ノ ナ 才 冇 有 有

■有用(유용): 쓸모가 있음.

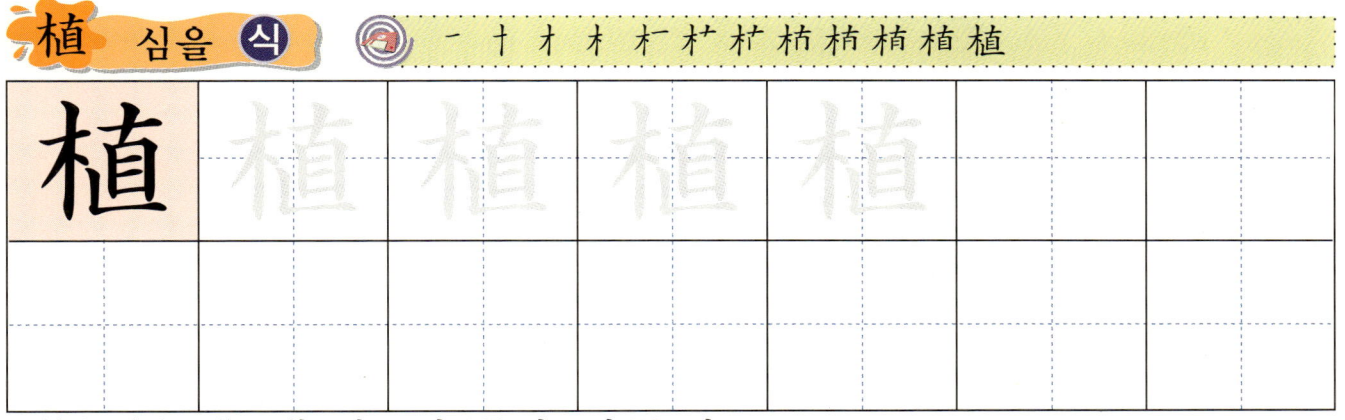

植 심을 식 　 一 十 才 木 木 杧 杧 枯 枯 植 植 植

■植木日(식목일): 4월 5일로, 나무를 심고 가꾸는 날.

來 올 래 　 一 厂 厂 夾 夾 來 來 來

■來日(내일): 오늘의 바로 다음 날.

8단원 정답

정답

연습문제 1회 >> 20~21쪽

1. 三
2. 五
3. 九
4. 七
5. ㄹ
6. ㄱ
7. ㄷ
8. ㄴ
9. 日
10. 火
11. 木
12. 女
13. 土
14. 十
15. 四
16. 月
17. 육
18. 여왕
19. 일, 일, 이
20. 산수

연습문제 2회 >> 34~35쪽

1. ③, ㄹ
2. ②, ㄱ
3. ①, ㄷ
4. ④, ㄴ
5. 父母
6. 兄弟
7. 韓國
8. 學校
9. 靑
10. 年
11. 國
12. 人
13. 여인
14. 수문
15. 선생
16. 白
17. 室
18. 生
19. 民
20. 부모, 형제, 학교

연습문제 3회 　　　>> 42쪽

1 대소
2 동서
3 남북
4 가운데 중
5 일만 만
6 긴 장
7 큰 대
8 小
9 東
10 外

연습문제 4회 　　　>> 55~56쪽

1 下
2 出
3 正
4 天
5 아들, 자
6 길, 도
7 편안하다, 안
8 孝道
9 世上
10 出生
11 外國
12 子
13 土
14 田
15 亻
16 孝女
17 家事
18 出口
19 食口
20 正道

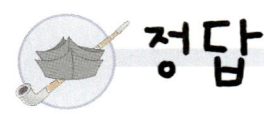

정답

연습문제 5회　　　》 69~70쪽

1 마을 리
2 일천 천
3 고을 읍
4 낯 면
5 글자 자
6 마을 촌
7 春, 봄 춘
8 夏, 여름 하
9 秋, 가을 추
10 冬, 겨울 동
11 前後
12 時間
13 洞口
14 住所
15 老人
16 間食
17 左右
18 전면
19 천금
20 읍내

연습문제 6회　　　》 83~84쪽

1 인물
2 생명
3 부족
4 자연
5 모 방
6 곧을 직
7 수풀 림
8 꽃 화
9 空
10 氣
11 立
12 力
13 江
14 重
15 草木
16 手足
17 山川
18 育林
19 地方
20 直立

44　　급수 한자 익힘책

연습문제 7회
>> 97~98쪽

1. 紙
2. 世
3. 場
4. 話
5. 工
6. 休
7. 農
8. 心
9. 數
10. 文
11. 記
12. 答
13. (1) 父 (2) 夫 (3) 不
14. 問
15. 休
16. 語
17. 전심 전력
18. 전화
19. 평일
20. 한강

연습문제 8회
>> 111~112쪽

1. ㄹ
2. ㄷ
3. ㄱ
4. ㄴ
5. 歌
6. 有
7. 午
8. 色
9. 同
10. 來
11. 海
12. ㄱ
13. ㅁ
14. ㄷ
15. ㄹ
16. 車
17. 夕
18. 조상
19. 성명
20. 등교

정답

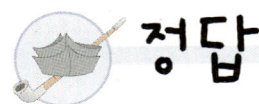

예상문제 8급 1회 »» 1~2쪽

1	부모	26	①
2	형제	27	④
3	시월	28	③
4	오일	29	⑤
5	삼촌	30	⑥
6	모녀	31	푸를 청
7	청백	32	백성 민
8	남북	33	남쪽 남
9	학교	34	먼저 선
10	교실	35	다섯 오
11	국군	36	넉 사
12	문중	37	뫼 산
13	여군	38	아버지 부
14	선생	39	일만 만
15	칠년	40	날 생
16	산수	41	해 년
17	대소	42	일곱 칠
18	일월	43	나라 국
19	동서	44	불 화
20	청년	45	동쪽 동
21	화산	46	맏(형) 형
22	교장	47	쇠 금(성 김)
23	왕실	48	흙 토
24	한국	49	4
25	②	50	2

예상문제 8급 2회 »» 3~4쪽

1	대학	26	④
2	중년	27	⑤
3	생수	28	②
4	외국	29	①
5	국토	30	⑥
6	교생	31	뫼 산
7	구월	32	여자 여(계집 녀)
8	남북	33	여덟 팔
9	북한	34	큰 대
10	백금	35	배울 학
11	사촌	36	여섯 육(륙)
12	형제	37	석 삼
13	백군	38	나무 목
14	국민	39	서쪽 서
15	학생	40	가운데 중
16	생일	41	달 월
17	연상	42	물 수
18	모녀	43	사람 인
19	장녀	44	불 화
20	부모	45	임금 왕
21	산중	46	두 이
22	왕국	47	아홉 구
23	만년	48	열 십
24	소인	49	4
25	③	50	2

정답

예상문제 7급 1회

>> 5~6쪽

1 강산	26 매일	51 수풀 림
2 등교	27 해수	52 할아버지 조
3 공군	28 편지	53 마을 촌
4 자연	29 평안	54 기를 육
5 공부	30 전화	55 앞 전
6 교문	31 효도	56 바를 정
7 국어	32 휴일	57 오른 우
8 산수	33 ⑥	58 배울 학
9 문자	34 ①	59 날 생
10 시간	35 ④	60 먼저 선
11 대왕	36 ③	61 글자 자
12 생일	37 ②	62 흰 백
13 백화	38 ⑤	63 ①
14 수족	39 ⑧	64 ③
15 식목	40 ⑦	65 ①
16 산림	41 ⑩	66 ②
17 수도	42 ⑨	67 休日
18 중간	43 심을 식	68 海水
19 생명	44 학교 교	69 6
20 사물	45 빌 공	70 8
21 안심	46 그럴 연	
22 정오	47 사이 간	
23 유명	48 풀 초	
24 교육	49 효도 효	
25 중력	50 종이 지	

정답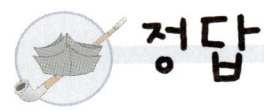

예상문제 7급 2회   >> 7~8쪽

1 가장	26 실내	51 스스로 자
2 남자	27 문답	52 밖 외
3 노인	28 동생	53 여덟 팔
4 기사	29 내년	54 온전 전
5 방면	30 국가	55 안 내
6 등산	31 공중	56 발 족
7 농사	32 간식	57 얼굴 면
8 식구	33 ①	58 무거울 중
9 오색	34 ②	59 하늘 천
10 전국	35 ⑤	60 곧을 직
11 주민	36 ⑥	61 겨울 동
12 활동	37 ⑦	62 집 실
13 추석	38 ⑨	63 ②
14 한강	39 ⑧	64 ③
15 천지	40 ④	65 西
16 외가	41 ③	66 五
17 이장	42 ⑩	67 植木
18 조상	43 남쪽 남	68 兄弟
19 오전	44 마을 리	69 3
20 편안	45 대답 답	70 6
21 화초	46 목숨 명	
22 수학	47 일만 만	
23 세상	48 낮 오	
24 백성	49 편안 안	
25 수화	50 빛 색	